Emigration

Die Ferne ruft

Erzählungen von Auswanderern
Autorin Astrid Lauterborn

Emigration

Der Ruf der Ferne.

Vorwort

Wer hat ihn noch nicht gehört, den Ruf der Ferne. Jeder hat sich mit Sicherheit schon einmal mit einem Gedanken befaßt, weit,weit weg einen neuen Anfang zu wagen.
Manchmal ist es eine Traumwelt, und manche träumen davon.
Bei manchen gibt´s diesen Traumgedanken der auch einmal angesteuert wird, um ihn zu verwirklichen.
Jedoch muss man bei dem Gedanken der Auswanderung mit beiden Füssen auf dem Boden bleiben.
So manches Wunschdenken hat schon so manchen Menschen in den Ruin geführt, weil alles übereilt und unüberlegt in die Tat umgesetzt wurde.

Es liegt natürlich in der Natur des Menschen neugierig zu sein, und auch mal seinem Abenteuergeist freien Lauf zu lassen.
Denn schließlich ist der Mensch seit Beginn an auf Wanderschaft.
Was wäre die Welt ohne die Wanderschaft der Menschen.
Dabei denke ich auch an das berühmte Beispiel Christoph Columbus. Was wäre Amerika,hätte Columbus diese Welt nicht entdeckt? Was wäre Europa, hätte Columbus diese Welt nicht entdeckt?
Ich denke diese Frage kann sich mit Sicherheit jeder selbst beantworten.
Im Grunde ist Auswanderung ein uralter Menschheitstraum, der weit in vergangene Jahrhunderte,gar Jahrtausende zurückreicht.Wenn wir dabei an das Zeitalter der Entdeckungen, das uns Europäern soviel neues Wissen und viele Verbesserungen unseres materiellen Wohlstandes brachte.
Natürlich gab es sehr viele egoistische und spekulative Absichten wie die Suche nach Gold,teuren Gewürzen und kostenlosem Land mit billigen Arbeitskräften. Aber es gab auch

die Menschen die dem Forscherdrang aus purer Neugier folgten.

Viele verschiedene Traditionen wurden weitergetragen. Viele unserer Vorfahren sorgten dafür, dass die Entwicklung des Menschen fortschritt. Dank der Auswanderer sind wir Menschen mit vielen verschiedenen Mentalitäten an einem Ort. Hätte sich die Menscheit nicht vermischt, so würde heute jeder in seinem stillen Kämmerlein vor sich her dümpeln. Das ist jedenfalls meine These.

Dank dieser Menschen wächst die Welt immer mehr zusammen.
Die Wirtschaft, die Wissenschaft und die Industrie profitiert davon.

Ich habe mit vielen Menschen gesprochen,seit ich begann mich mit dem Thema Auswanderung zu beschäftigen.
Ich war und bin immernoch auf der Suche nach den Beweggründen, die die Menschen dazu veranlassen, in fremder Umgebung einen Neuanfang zu wagen.
Viele Menschen hatten Schwierigkeiten mit den Sprachkenntnissen und mit den finanziellen Mitteln stand es auch nicht so gut. Dazu kamen dann noch die Eigenarten des fremden Landes.
Vereinzelt gab es Lebensgeschichten, von einer Traumkarriere bis zur bitteren Armut.

Heute sind zwar die Entfernungen kürzer, aber die
Schwierigkeiten eher größer geworden.
Die goldenen Zeiten der
Auswanderungen sind vorbei.

Zwar gibt es die Erfolgstory „vom Tellerwäscher zum Millionär" doch noch sehr sehr selten.Aber die Zahl der gescheiterten Existenzen nimmt immer mehr zu. Zumeist sind Notlagen, wie wirtschaftliche Pressionen und schon wieder oder noch immer politische oder religiöse Verfolgung die das Handeln bestimmen. Es gibt viele, die vor ihren Schulden fliehen oder sich strafrechtlicher Verfolgung entziehen wollen. Es geht bis zur Rücksichtlosigkeit, so dass die Verantwortung für viele Familien dabei auf der Strecke bleibt. Selbst Kinder werden hilflos zurückgelassen.

Bei meiner Recherche mußte ich leider feststellen, daß die Zahl der erfolglosen Auswanderer weitaus größer ist als die Zahl der erfolreichen Auswanderern, die in der Fremde Fuß fassen konnten, und noch dabei erheblichen Erfolg im Berufsleben haben.

Auswanderung ist so ein schicksalsbestimmendes Thema im Leben eines Menschen oder einer ganzen Familie, dass nicht genug dafür getan werden kann, authentische Geschichten von Auswanderern schriftlich festzuhalten.
Ob sie nur erfolgreich ihr Glück in der Ferne fanden oder nicht.

Es gab auch Auswanderungsgründe für die folgende Familiengeschichte, die 1885 auswanderte, die eigentlich verständlich sein könnten. Wie zum Beispiel die Entziehung der Musterung für das Militär.

Dafür sprach z.B. auch dieser Artikel. Dieser hat mit Sicherheit genannte Familie gelesen.
Man kann förmlich spüren wie es im Land knisterte. Die Menschen waren, so glaube ich alle in höchster Alarmstellung.

Ein Beispiel aus einer Tageszeitung aus 1885 lautete wie folgt:

In Mittelasien donnern also schon die Kanonen, während die Diplomaten noch mit der friedlichen Schlichtung des Konfliktes sich abmühen. England hatte bekanntlich darauf gedrungen, daß beide Parteien, Russen und Afghanen, bis zur entgültigen Einigung den gegenwärtigen Stand, die besetzten Stellungen beibehalten sollten. Das war in der Tat das beste Aushilfsmittel, da sich keine Partei dadurch etwas vergab. Die Gefahr lag nur in einem Zusammenstoße bei der sich gegenüberstehenden Heere, welcher durch irgend einen Zufall herbeigeführt werden und die Ehre der Fahnen derart verpflichten konnte, daß schließlich nur als letzter Grund der Krieg übrig blieb. Was man befürchtete ist nun in der Tat geschehen.

Am 30. März wurden zwischen einer Abteilung von 4000 Afghanen mit 8 Kanonen und den Russen unter General Romanov das erste regelrechte Gefecht stattgefunden. Auffallend ist zunächst, daß die Nachricht volle zehn Tage brauchte, um bekannt zu werden. Vielleicht hat man in Petersburg die runde Absicht unterdrückt, um Zeit zu gewinnen,aber sonderbar ist, daß englische Blätter bis auf den heutigen ",,tandard"“seine Nachricht von dem Treffen erhielten. Indessen ist man ja daran gewöhnt, daß die Soldaten in Asien stets die Rolle unschuldiger Lämmer spielen. Es spricht vielmehr dafür, daß der russische Angriff ein wohl geplanter war. Daß die Afghanen bei der Niederlage gegen 500 Mann nebst der ganzen Artellerie und dem Fuhrpark den russischen Siegern als Beute überlassen mußten, spricht gerade nicht für die Kriegstüchtigkeit der afghanischen Verbündeten Englands, beweist aber andererseits, daß es Rußland gelungen ist, dort bereits eine respektable Macht anzusammeln, welche zum Angriff übergehen kann. Auffällig ist es, daß sich der russsische Kommandant nach dem Siege in seine frühere Stellung zurückgezogen haben soll.Rußland handelt eben nach dem Satze Zeit gewonnen, alles gewonnen", es zieht die Verhandlungen in die Länge und schickt jeden Tag mehr Truppen nach dem Kampffelde.

Die Hauptfrage ist nun: Wird England jetzt an Rußland den Krieg erklären?

Der indische Vizekönig hat dieser Tage in Gegenwart eines Sohnes bei Königin von England mit dem Emir von Afghanistan eine Art von Verbrüderungsfest gefeiert.
Schützt England jetzt die Afghanen nach der Niederlage nicht, so wäre es um den englischen Einfluß in ihrem Lande geschehen, und der Emir stellt sich vielleicht gegen die entsprechende Anzahl von Rubeln nach früheren Mustern „freiwillig" unter den Schutz des Zaren.
So dürfte also die Selbständigkeit Afghanistans nur noch durch einen Krieg zu wahren sein und England steht vor der tiefschneidenden Frage, ob diese Selbständigkeit
1. einen Krieg wert ist und
2. durch den Krieg auch auf die Dauer erhalten werden kann.
Mit Gewißheit dürfte niemand beide Fragen zu bejahen wagen.

Wenn man dies gelesen hat, so kann man sich vorstellen, daß vielen Menschen die Ehrenhaftigkeit scheißegal war. So las ich in der Ausgabe vom 25.4.1885 folgende Geschichten. Wobei man erkennen kann, die Bürger Deutschlands mußten sich mehr oder weniger durchschlagen.

Ich zitiere:

Anna, ohne Stand, Ehefrau des Maurers Friedrich Z. wird folgenden Tatbestand zur Last gelegt.

Eine Partie Mädchengegenstände gestohlen zu haben. Im Sommer diesen Jahres fand Herr Rittmeister B. welcher krankheitshalber 5 Wochen Urlaub aus dem Manöver erhielt, seinen Wäscheschrank in ganz erheblicher Weise geleert. Die Angeklagte besorgte nun für die beiden Burschen des Herrn Rittmeisters und für einen im Hause wohnenden Oberstabsarzt die Wäsche und hatte freien Zutritt im Hause. Die Nachforschungen blieben ohne Ergebnis.

Nun geriet die Angeklagte eines Tages mit ihrer Schwiegermutter in Streit, und diese lief auf's Polizeirevier und gab einen Teil des gestohlenen Diebesgutes dort ab, mit dem Bemerken, ihre Schwiegertochter habe dieselben gestohlen, und bei drei Frauen eine Partie Betttücher, Überzüge,Handtücher,Tischtücher, Servietten, Unterhosen und Hemden verkauft.
Die Angeklagte floh nach Luxemburg und wurde steckbrieflich verfolgt. Eines Tages kam sie nach Trier und wurde am 19. Januar verhaftet. Nach ihrer Verhaftung am 4. Februar erhielt Rittmeister ein Paket mit der Post zugesandt, in welchem ein Teil der gestohlenen Wäsche enthalten war. Die Staatsanwaltschaft beantragte 1 Jahr
Gefängnis und den Verlust bürgerlicher Rechte auf die Dauer von 2 Jahren.

Eine andere kuriose Anzeige lautete:

Katharina 16 Jahre ohne Stand aus Eisenschmitt ist beschuldigt ohne Erlaubnis eine Verlobung veranstaltet zu haben. Der Vater der Angeklagten lag auf dem Sterbebette und die Familie war blutarm. Um für den sterbenden Vater noch eine stärkende Nahrung zu verschaffen, spielte sie ein Kruzifix aus, worauf ein Polizeibeamter Anzeige machte. Das Gericht nahm an, daß dieselbe bei Begebung der Tat, die zur Erkenntnis der Strafbarkeit erforderliche Einsicht noch nicht besessen habe, und sprach sie frei.

Es ist jedenfalls sicher, daß sich damals ab 1885 sehr viele Menschen mit dem Gedanken trugen, auszuwandern. Dies zeigen auch die Unmenge von Hausverkauf- und Hausversteigerungsanzeigen in den Zeitungen.

Einige Ausschnitte möchte ich Ihnen nicht vorenthalten.

z. B.

Haus-Versteigerung zu Trier.

Am Samstag, den 2. Mai d. J., Nachmittags 3 Uhr,

lassen die Erben der zu Trier verlebten Eheleute **Wilhelm Hanbold** und **Anna Maria Hauer**, Witwe 1. Ehe von **Wilhelm Flor**, **auf der Amtsstube des unterzeichneten Notars,**

das zu Trier, in der Fleischstraße Nr. 18, neben Handschuhmacher Herrn C. Fauth und dem städtischen Kaufhause gelegene, sehr geräumige und zu jedem Geschäfte geeignete Wohnhaus nebst Hinterbau, Hofraum und großem Keller, in welchem seit langen Jahren eine Colonial-Waaren- und Spirituosen-Handlung mit Erfolg betrieben worden ist,

unter günstigen Bedingungen auf Credit versteigern.

Auch kann dasselbe während dieser Zeit aus freier Hand verkauft werden, und wende man sich dieserhalb, sowie auch zur Einsicht der Bedingungen gefl. an den unterschriebenen Notar.

Genußantritt am 1. Oktober l. J.

Trier, 2. April 1885.

F. 34 **Franzen, Notar.**

Haus-Verkauf.

Ein in einem Vororte Trier nahe an der Stadt gelegenes Wohnhaus, worin eine Reihe von Jahren Wirthschaft u. Spezereigeschäft betrieben wurde, enthaltend 8 Zimmer, Laden, Küche, 2 Speicher, Keller und Wasser im Hause, mit vollständiger Gaseinrichtung ist zum Preise von 2500 Thl. unter günst. Bedingungen zu verkaufen u. kann auf Verlangen gleich bezogen werden. Offerten beliebe man an die Exped. d. Bl. unt. S. U. Nr. 5777 abzugeben.

Haus,

Zurlaubener Allee B 72 enthaltend: 8 Zimmer, Speicher mit Mansarde, Küche im Hinterbau, Waschküche, Hof und Bleichplatz zum 1. April zu vermiethen. Näh. Wallramsneustraße Nr. 9, Bel-Etage. 5915

Ein rentables

Spezereigeschäft

mit oder ohne Wirthschaft wird zu übernehmen gesucht.

Gefl. Offerten unter S. T. 5911 an die Expedition ds. Ztg.

Haus-Verkauf.

Mein in der Neustraße gelegenes Haus Nr. 59 ist unter günstigen Bedingungen zu verkaufen. Näh. bei **J. B. Herrig**, Lederhandlung.

Mühlen-Versteigerung.

Am **30. April** läßt Johann Broslus die auf dem Banne Nesel gelegene **Mühle** versteigern. 2056

Dies sind natürlich nur ein paar Beispiele die ich hier zeigen kann.

Aber es gibt noch einige interessanter Dinge, die als Zeitzeugen fungieren, wie zum Beispiel die verschiedensten Preise dieser Zeit.

Versteigerung
eines Geschäftshauses
zu Trier.

Freitag den 29. Mai cr.,
Nachmittags 2 Uhr,
auf der Amtsstube des Unterzeichneten, läßt Frau Wwe. Rebmann ihr in Mitte der Stadt Trier in günstigster Geschäftslage befindliches Haus, Brodstr. Nr. 26, in welchem seit Jahren eine weit renommirte Cigarren-, Schreibmaterialien- und Musikalien-Handlung (Firma F. Rebmann) mit bestem Erfolge betrieben wird, versteigern. Dasselbe kann bis dahin auch aus der Hand gekauft werden. Näheres bei dem Unterzeichneten.
F. 42 **Franzen, Notar.**

Haus-Versteigerung
zu Kürenz.

Am Dienstag d. 24. Febr. 1885,
Nachmittags 2 Uhr,
werden beim Wirthe Theodor Christmann in der gerichtlichen Theilungssache des Johann Thiel, Maurer zu St. Paulin geg. Kathar. Lauterbach, Ehefrau Friedrich Krackuhn, Gefangenaufseher zu Insterburg, Wwe. 1. Ehe von Peter Nikolaus Thiel, die beiden am Bahnübergang zu Kürenz in Fl. 14 Nr. 883 in der Acht zwischen den Wegen gelegenen, **neuerbauten Wohnhäuser** mit einer Grundfläche von 3 Are 60 Meter, bezeichnet mit den Hausnummern 12d und 12e zur Taxe von 9000 M einzeln und zusammen zur Versteigerung ausgesetzt. Bedingnißheft und Vorakten sind bei unterzeichnetem Notar einzusehn. 426
Trier, den 24. Januar 1885.
P. E. de la Fontaine, Notar.

An dieser Stelle schreibe und zitiere ich aus einer Landeszeitung vom 7.November 1884.
Diese Zeilen haben sich wohl auch die Familien zu Herzen genommen, als sie in diesen Jahren nach Amerika auswanderten. Wenn wir dies lesen, so können wir es vielleicht ansatzweise nachvollziehen.

Ich zitiere:

Wie in früheren Jahren so scheinen auch bei den letzten Reichstagswahlen sehr viele ungesetzliche Wahlbeeinflussungen, welche zahlreiche Wahlprojekte erforderlich machen, stattgefunden zu haben. Namentlich wird auch berichtet. Schon lange vor den Wahlen scheint man Arbeitern welche zur Zentrumspartei halten, den verschiedensten Gegenden über katastrophalen Druck der Arbeiter auf die Arbeitnehmer, mit Entlassungen gedroht zu haben. Mußten doch 2 schlesische Grubenbesitzer erklären, daß sie solchen Arbeitern Beschäftigung gewähren würden, welche von Gegnern für ihr Votum entlassen würden.

Wie ich erfahre, hat gerade diese Erklärung, welche Nachahmung unter ähnlichen Umständenverdient, in nicht geringem Grade zu dem guten Ausfall der Wahlen in Oberschlesien beigetragen.
Noch schmackvoller handeln jene Arbeiter, welche ihr Arbeiter-batallaillone in Reihe und Glied zur Wahlurne führten, ihnen dort die gegnerischen Zettel abnahmen, und ihnen dann unter Oberaufsicht Beamten kenntlich gemachte Stimmzettel wie auf Kommando abgeben ließen.

Weiterhin darf ich folgende lustige Geschichte zitieren:

5. November 1884

Berlin

Das traurige Kapitel des Wahlunfugs bietet auch dieses Mal manche drastische Probe, bei welchen freilich auch der Humor seine Rolle spielt. Leider eine wahre Prachtleistung, Seitenstück zu dem famosen Professor in Neuhaus, bei dem freisinniger Weise Abgeordneter Gronemeyer ein Bierglas an den Kopf werfen wollte, berichtete die hiesigeZeitung:
„Der beim Amtsgericht in Ostheim vor der Rhön angestellte Dr. Professor Werner Mar, saß am Wahltage beim Abendessen in einer Gaststube des heimatlichen Hofes, als einer seiner national-liberalen Parteigenossen eintrat, und das Wahlergebnis meldete, wovon von 345 Stimmen nur 54 auf den national-liberalen Domänenpächter Seibel gefallen war.

Dr. Werner sprang auf und rief: " Diese fortschrittliche Pest müßte man an allen vier Ecken anzünden, und die ganz fortschrittliche Brut darin verbrennen, was davon stehen blieb, mit Dynamit in die Luft sprengen. Dabei wollte ich jeden Rädelführer noch eine extra Dynamitpatrone unter den Stuhl legen, damit er noch höher flöge. Ich habe diese Bande bis jetzt immer anständig behandelt, wenn sie zu mir aufs Gericht gekommen sind. Aber von jetzt an will ich diese Fortschrittsbande, wenn sie zu mir aufs Gericht kommt, behandeln wie sie es verdient".
Dann trat er in das anstoßende Zimmer, welches sich inzwischen dicht mit meist freisinnigen Gästen, welche von der Stimmzählung kamen, gefüllt hatte, ergriff hier das volle Bierseidel eines dort sitzenden, hielt es vor allen Augen in die Höhe und rief:
„Oh wäre dieses Glas voll Gift, und ich könnte die ganze hiesige Fortschrittsbrut damit vergiften! Ich täte es!"
In ähnlicher Weise hat er noch stundenlang fortgetobt.

Eines kann ich mit Bestimmtheit sagen, mit der Wahl wurde es im Jahre von 1884 wirklich nicht so ernst genommen. Unter anderem fand ich noch diese Annonce:

Aus dem Kreise Strehlen wird berichtet:
In Bergel hat königlicher Forstaufseher Spaete, die jämmerlichen Waldarbeiter in den Hof des Wahllokales geführt und ihnen sort gefaltete Stimmzettel gegeben. Unter seiner Aufsicht mußten die Leute an den Wahltisch treten und die Stimmzettel abgeben. Nachdem dies geschehen war, holte er die anderen Arbeiter aus der Fanfanerie und ließ dieselben an einem anderen Ort in derselben Weise wählen. Sämtliche Arbeiter hatten dafür einen halben Tag frei , bekamen denselben aus der Forstkasse bezahlt.

Nun würde ich schon den Gedanken aufkommen lassen, daß die Menschen wirklich kein Vertrauen in die Politik hatten, und deshalb auch viele das Weite suchten.

Viele interessante Geschichten wurden mir zugetragen. Unter anderem darf ich an dieser Stelle ein Schicksal einer Familie schildern, die sich um 1885 ereignete.
Es ist heute kaum noch nachzuvollziehen , wie sich die Familie auf eine Auswanderung vorbereitete, nachdem sie die zuletzt erwähnten Zeitungsartikel las. Jedoch kann ich mit Bestimmtheit sagen, daß diese Familie ein schweres Leid ertragen mußte.

1885 im wilden Westen Amerikas.
Die Vertreibungen der Indianer, die Sesshaftwerdung fremder Weißer Männer schrieb Geschichte.

Eine Familie, dessen Namen ich später erwähnen möchte trieb es nach Chicago.
Dort wo Al Capone, Bandenkriege, Schlachthöfe, Korruption- die Assoziationen, die aus der Fernsicht zu Chicago in uns aufsteigen, sind nicht die besten. Doch die Stadt am majestätischen Lake Michigan, einem Binnensee mit Qualitäten eines Ozeans, ist seit 1885 zu einer vielschichtigen acht Millionenmetropole angewachsen. Ihr Spitzname „Windy City" beschreibt vornehmlich den Wind, der fast unablässig über den großen See weht.

Ein schlechter Ruf behaftet Chicago. Auch genannt „Windy city" , weil, wurde von windigen Brüdern regiert. Von ‚Big Bill Thompson ‚ein korrupter Zeitzeuge bis hin zum Schwerverbrecher „Al Capone" durften sich Bürgermeister von Chicago schimpfen.
Nirgendwo sonst haben sich gewissenlose Unternehmer und machthungriger Gewerkschafter so zerfleischt. Chicago war beispielhaft im produzieren von Umweltmüll, und an der Größe des Bürgerelends.
Mitte des 19. Jahrhunderts nannte man Chicago auch „den Schlachthof Amerikas". Der Name kam daher, daß die Stadt der

Endpunkt der großen Viehtrecks aus dem Westen und der Schweineschiffe vom Missisippi wurde.
Es lag ein weit verbreiteter Gestank über der Stadt.

1871 in einer Oktobernacht, ereignete sich der grösste Brand in der Geschichte der Vereinigten Staaten. Er wurde damals von der Kuh einer Mrs. O' Leary entfacht, die eine brennende Laterne umstieß. Nur 14 Jahre später wanderte die Familie Tietzen nach Amerika,Chicago ein. Die Stadt muss wohl noch im Aufbau gewesen sein, weil Chicago damals 300.000 Einwohner zählte, die Stadt
verschwand nach diesem Brand von der Bildfläche und mußte wie Phönix aus der Asche neu entstehen.
Verständlicherweise beginnt dort die Zeitrechnung nicht wie bei uns „vor oder nach Christus", sondern „vor oder nach dem Feuer"
Die Stadt konnte sich auch nur retten, da sie die günstige Verkehrslage zwischen dem Missisippi und den grossen Seen hatte.
Begünstigend wirkte sich auch die Linie zwischen Osten und Westen Amerikas aus. Die berühmt berüchtigte „Route 66."
Es müßte eigentlich damals ein Schlaraffenland für arbeitssuchende gewesen sein. Ein schneller Aufbau ging von statten.Es kamen neue Generationen von Architekten zum Zuge, und durften ihre Arbeiten unter Beweis stellen.
Also kamen neue Errungenschaften. So auch die Erfinder des Stahlbetons , William Le Baron Jenney und des Sicherheitsfahrstuhl durch Elisha Otis. Sie machten Häuser möglich, die in den Himmel ragten. John Wellborn Root, der schon mit der Rookery eigenwillige Formversuche wagte, baute 1891 ein Haus mit 17 Stockwerken am Jackson Boulevard.Dieses Wolkenkratzer wurden Rookery getauft, zu deutsch" Taubenschlag"
Wie muß sich Familie Tietzen dafür interessiert haben, 1891, zu diesem Zeitpunkt dachte in Europa kein Mensch an solche stolzen Bauwerke.
1893 gab es bereits ein Dutzend solcher Wolkenkratzer in Chicago, es machte halt das Wesen der Amerikaner aus.

Außerdem könnte ich mir vorstellen, wie es Familie Tietzen begeistert haben muß ,durch diese Straßen zu flanieren.

Der Weg von Deutschland nach Chicago zeigte sich damals 1885 schon sehr beschwerlich. Wochenlage Überfahrt mit dem Schiff über die ungestüme See.
Danach eine sehr lange Eisenbahnfahrt. Doch bereits sie fuhren über die legendäre Eisenbahnbrücke , die 1825 den Erie-Kanal führte, und 1848 die Verbindung zum Missisippi schuf. Diese Brücke war damals für Chicago ein Segen

Dank der Einwanderer aus Irland,Italien,China, Indien und aus Deutschland wurde die Stadt individuell geprägt.Doch werden jetzt die importierten Feste aus der alten Heimat gefeiert, wie etwa der irische St. Patricks Day, hat längst leider alles amerikanisches Format angenommen.

Für viele Besucher bildet Chicago nicht zuletzt deshalb den Startpunkt ihrer Reise, weil hier der Beginn der legendären „Route 66“ liegt. In Europa mittlerweile ähnlich populär wie in den Vereinigten Staaten, führt die historische Straße bis Los Angeles. Und eine zunehmende Schar von Enthusiasten sorgt dafür, daß das historische Antlitz der vielbesungenen „Route“ wiederhergestellt wird.

Nur drei Stunden vom modernen Chicago liegt eine andere Welt: Ohne Strom und Telefon,ohne Autos leben die Amish, eine traditionelle und traditionsbewusste Gruppe von Mennoniten. Weil sie den Kriegsdienst und andere staatliche Forderungen im alten Europa verweigerten, sahen sich viele von ihnen zur Auswanderung gezwungen. Vor allem in Nord-Indiana und Iowa haben sie ihre Siedlungen gegründet.
Das wasserreiche Land von Chicago bietete Einheimischen ebenso wie den Besuchern vielfältige Möglichkeiten zu Aktivitäten.

Nicht weit von Milwaukee , um genau zu sein, gerade mal 20 Kilometer entfernt, wanderten um 1885 die Familie Breiling ein. Der Ort hieß Kenosha.
Sie träumten wahrscheinlich über ihr zukünftiges Heimatland so:

Wo 1620 die puritanischen Pilgerväter landeten, ist in ein idyllisch hinterwäldlerischen Kleinstädten die gute alte Welt noch in Ordnung. Über schoffen Küsten zieht der Seeadler seine Kreise. Er blickt auf malerische Fischerorte und altehrwürdige Städte, in denen Amerikas "„Hautevolee“ auf den Hummer kommt. Im Hinterland machen sich Wälder weit und breit. Zur Feier des Indian Summers tauchen sie Hügel und Täler in ein leuchtendes Farbenmeer. Eines der grandiosesten Geschenke der Natur teilen sich die USA mit Kanada: Auf bis zu 700 Meter Breite schnellen die „Donnernden Wasser“ der Niagara-Fälle über die Klippen. Dort kann nur ein schönes Leben herrschen.
Doch die Familie machte auch andere Erfahrungen.

Eine ander Familie, deren Brief Sie gleich lesen können, verschlug es nach geraumer Zeit in den Staat Tennessee, South Pittsourgh.
Wir haben es wohl den Menschen von dieser Zeit zu verdanken, daß wir heute eine Fülle von Westernmusik hören können. Denn dort ist die Stadt der Country- und Westernmusik. Außerdem wird dort wegen der grieschichen Antiken Erinnerung auch als das „Athen des Südens“ bezeichnet.

Auch nach Bellville zog es eine deutsche Familie, nach Chicago und Kenosha in der Nähe von Chicago.

Die nun folgenden Briefe, die über 100 Jahre in Schubladen verbrachten. Fein säuberlich und agribisch sortiert, überlebten diese auch die Kriegszeiten. Anfangs wurden sie auf einem Dachboden versteckt gefunden.

Sie sind ein Zeitzeugnis, die wenn sie verloren gingen, ein unheimlicher Verlust wären. Und so dachte ich mir, diese für immer festzuhalten und in eine neudeutsche Schriftform zu setzen. Zu dieser Zeit gab es noch viele Analphabeten. Natürlich sollt man bemerken, daß auf die Grammatik keinen großen Wert gelegt wurde, es wurde halt so geschrieben, wie einem der Schnabel gewachsen war. Diese Satzbildungen wollte ich auf jeden Fall erhalten.

Die Menschen damals hatten nicht die Möglichkeit, wie sie heute besteht, mal eben schnell mit dem Flugzeug nach Deutschland auf Besuch zu kommen. Es waren damals noch enorme Entfernungen für die Leute.

Um so wichtiger war es, Briefe in die Heimat zu schicken.

DIRECTORS
CHAS. H. SIEG President
FRANK SAYRE OSBORNE Secy & Treas
ELMER WECK Superintendent

(1)

CHAS. H. SIEG MFG. CO.

MANUFACTURERS OF

Windsor BICYCLES

LONG DISTANCE TELEPHONES.
CHICAGO-HARRISON-730
KENOSHA-148
DIRECT WIRES TO OFFICE.
POSTAL TELEGRAPH CABLE CO.
WESTERN UNION TELEGRAPH CO.
CABLE-WINDSOR-KENOSHA.

CHICAGO OFFICE, 285 WABASH AV.
FACTORY, KENOSHA, WIS.

DICTATED

Kenosha Wis. den 13 July. 8

Theuerster Bruder Jackob

Wir haben dein sehr heiß ersehnten Brief erhalten welch-
en sehr freude von dir wieder zu hören denn die
Zeit ist mir langweilich worden. Lieber Bruder.
Waß dein schreiben anbetrifft, hattest du schon schon
harte Zeiten durchgemacht waß mir von Herzen leid
tut und ich möchte dir deine Leiden helfen erlindern
werde deiner nicht vergeßen und werde dir sehr
hilflich sein um damit du zu den Mitteln kommst um
damit ich meinen lange heißersehnten Wunsch erfü
zu bekommen hier sende ich dir etwaß Geld und ge-
habe acht auf deine Gesundheit und halte dein Geld
zu sammen ich werde deiner nicht vergeßen und werde
dir wenn es geht wie ich es mir vornehme dir jeden
schreiben Geld mit schicken sodaß du noch vor
Winter hier sein daß andere laße mich sorgen
ich habe Mut daß du wieder Mannes Kraft
bekommst ja es vergeht keine Stunde der Nacht wo ich
[illegible] Duzent mal an deiner gedanke.

Kenosha,Wis. Den 13. July 89

Teuerster Bruder Jackob wir haben deinen sehr heiß ersehnten Brief erhalten, welcher uns sehr freute, von Dir wieder zu hören,denn die Zeit ist mir langweilig geworden.
Lieber Bruder, was Dein Schreiben anbetrifft hattest Du schon harte Zeiten durchgemacht, was mir von Herzen leide tut. Und ich werde Dir Deine Leiden helfen erlindern.
Werde Deiner nicht vergessen, und werde Dir sehr behilflich sein, um damit Du zu den Mitteln
kommst, damit ich meinen lange heiß ersehnten Wunsch erfülle.
Hier sende ich Dir etwas Geld, und ja nur gebe acht auf Deine Gesundheit und halte dein Geld zusammen.
Ich werde Deiner nicht vergessen und werde Dir wenn es geht wie ich es mir vornehme Dir jedes Schreiben Geld mitschicken, sodaß Du noch vor Winter hier sein kannst,für das andere lasset mich sorgen.
Und habe Mut, dass Du wieder Manneskraft erlangest.Ja es vergeht keine Stunde der Nacht wo ich viel dutzend mal an Deiner gedenk.

(1) [illegible] Juni waren ich mit Familie nach Chicago und ich
bruder Nick waren bei Christman ich habe mein Geld
bekommen 35 Dollar hat er mir geben der 4 Theil.
der Nikolaus sollte später zurück kommen
-fall daß auch von der Schwester bekommen welch-
[illegible] gemacht habe, dein Meister hat mir gut bewir-
-tet wenn du kommst so wirst du alles selbst erfahren
habe gemeint es wären 500 Thaler was er mir schulde
war wie ist daß eigentlich, hast du dein Geld alle von
ihm seine Frau kommt auf Besuch bei uns. Lieber Bru-
Du fragst mich wegen unserem Bruder Nikolaus dem
geht es sehr gut er ist Feuermann in einer Brauerei
in Chicago und hat 60 Dollar den Monath er ist spar-
-sam und fleißig er hat sich wieder verheirathet [illegible] Woche
zurück ich denke er hat eine sehr gute Frau 23 Jah-
-re alt eine junge Schönheit dieselbe ist doch schön
zeigte er mir nun nicht zu heirathen denn weiß man
wo man hin gehört ich hatte meine Familie mit bei dem
und in die Brauerei seine Frau war auch dort ich
bei ihm in der Wohnung dann viel Zeit habe ich nicht gehabt
in Chicago zu bleiben ich habe mir 2 Wochen Urlaub genommen
meine Familie war über 1 Woche geblieben, wenn du kommst
2 dem Nikolaus schreiben [illegible] mal [illegible] zu fragen hast
seine Adresse ist [illegible] Nick. Breiling 380 South Morgan
Str. Chicago Ill. N. S. America wir sind 55 Meilen
von Chicago entfernt es nimmt eine Stunde mit dem Schnell-
-zug. Muß meine Frau [illegible] welche dich [illegible]
-t und wir zusammen 5½ Jahr verheirathet sind und unsere älteste
Tochter 4 Jahr geworden ist 4 July unser Sohn ist [illegible] 1 Jahr a-
zwei schöne Kinder wo ich stolz bin darauf.

Blatt 2

Im Juni waren ich und Familie nach Chicago ,um Dich Bruder Nikolaus waren bei Christmann
Ich habe mein Geld bekommen. 35 Dollar hat er mir gegeben, der 4. Teil.
Der Niklaus sollte später zurück kommen. Er soll das auch von der Schwester bekommen,
welches ich ausgemacht habe. Dein Meister hat uns gut .... um wenn du kommst
so wirst Du alles selbst erfahren. Habe ..... gemeint es wäre 500 Taler wo er uns schuldig wär.
Wie ist das eigentlich, hast Du Dein Geld alle von ihm seiner Frau, kommt auf Besuch bei uns, hat sein Geld alle. Wie ist das eigentlich hast Du Dein Geld alle von ....

Lieber Bruder Du fragst mich wegen unseren Bruder Nikolaus, dem geht es sehr gut er ist Feuermann in einer Brauerei in Chicago und hat 60 Dollar den Monat, er ist sparsam und fleissig, er hat sich wieder geheiratet etliche Wochen zurück. Ich denke er hat eine sehr gute Frau ,23 Jahre alt. Ein junges Tierchen, " das Eheleben ist doch schön, " sagte er mir um dich zu heiraten, „dann weis man wo man hingehört. " Ich hatte meine Familie mit bei den Nikolaus, in die Brauerei. Seine Frau war auch dort. Ich war bei ihm in der Wohnung
Denn viel Zeit habe ich nicht gehabt, in Chicago zu bleiben. Ich habe mir 2 Nacht Urlaub genommen,meine Familie war über eine Woche geblieben. Nun du kannst dem Nikolaus schreiben, hörst mal was er zu sagen hat. Seine Adresse ist: Nikolaus Breiling, 380 South Morgenstreet in Chicago Eleoneu, Nordstaaten Amerika. Wir sind 55 Meilen von Chicago entfernt,es nimmt eine Stunde mit dem Schnellzug. Was meine Frau anbetrifft, welche Dir unbekannt ist, und wir zusammen fünf einhalb Jahre verheiratet sind, und unserere älteste Tochter 4 Jahr geworden ist den 4. Juli, unser Sohn ist auch ein Jahr alt. Zwei schöne Kinder auf die ich stolz bin.

DICTATED

3) Unser Nikolaus hat 2 Kinder gehat und davon gestorben
daß älteste lebt noch und ist ein Bube der hat daß Luder bei
sich der wird 7 bis 8 Jahr alt sein. Also du weißt wo mein
Frau herkommt die kommt von Bitburg ihre Eltern wohnen
in Chicago ich habe zu meiner Frau gesagt wenn du kämst
bei uns dann hätte Sie doch jemand bei ihr oder Nächste
ich werde sorgen daß du Arbeit bei mir bekommst in der
Fabrik denn ich bin gut angesehen d.h. wenn alles so bleibt
Vorschläge mache ich mir keine sonst weiß ich daß es dann anders
Weg geht mache wie ich schon gesagt habe ~~keinen diejenige daß~~
ist dir viel schaden denn wie du siehst meine ich es sehr gut mit dir
Also du schreibst mir du warst auch Nachtwächter ist daß
unterrichtig deine Arbeit, und 40 Mark den Monat, d.h.
dann mußt du dich selbst beköstigen, wie viel Kost mußt du
dann bezahlen eigentlich der Tag. für deine Kost Frau die
Hanna ich gut denn wir sind zusammen in eine Schule gegangen
sie weiß daß ich ein wilder Kamerad war, wie viele Kinder
hat die Magdalena wie gefällt ihr in der Gegend wo Sie
ist laße mir Sie und ihr Mann herzlich grüßen ich
wünsche ihr viel Glück und Segen . . .
[illegible]

Blatt 3

Unser Nikolaus hat zwei Kinder gehabt, eines davon gestorben das älteste lebt noch und ist ein Bub. Der hat das Luder bei sich,der wird 7 bis 8 Jahre alt sein. Also Du weißt wo mein Frau herkommt, die kommt von Bitburg, ihre Eltern wohnen in Chicago. Ich habe zu meiner Frau gesagt: " Wenn Du kämst bei uns dann hätte sie doch jemand bei ihr des nachts.Ich werde machen daß

Du Arbeit bei mir bekommst in der Fabrik, denn ich bin gut angesehen.
Das heißt wenn alles so bleibt. Vorschläge mache ich Dir keine, sonst weis ich das es den anderen Weg geht.Mache wie ich schon gesagt habe, ist Dir viel Schaden , kräm Dich nicht, das ist dir viel Schaden, denn wie Du siehst ,meine ich es sehr gut mit dir.
Also, Du schreibst mir, Du wärst auch Nachtswächter ist das unterrichtig, deine Arbeit und 40 Mark den Monat, das heisst ,daß Du dich selbst beköstigst. Wieviel Kost mußt Du denn bezahlen, eigentlich der Tag?" Ja deine Kostfrau die kenne ich gut, denn wir sind zusammen in eine Schule gegangen. Sie weis daß ich ein wilder Kamerad war. Wieviele Kinder hat die Magdalena. Wie gefällt es dir in der Gegend wo sie ist. Lasse mir sie, und ihr Mann herzlich grüßen, ich wünsche ihr viel Glück und Segen und einen Ehestand, wo ist ihrer allda sehr gute Kinder.

Ich arbeite in einer zwei Fabrik ich bin Nachtwächt
er einen sehr guten Posten und stetigen Lohn 12 Dollar
die Woche ich habe keine Arbeit bloß ich muß jede St
unde herum patrolieren gehn wegen der Feuer versicher
wenn Feuer soll aus brechen, Ich, der Nachtw.
Hier schicke ich dir ein Bild von meiner ältsten Tochter
Sie ist nach der Mutter getauft damals war Sie 3 Ja
alt und jetzt bald wird Sie 4 Jahr alt unser Sohn w
ird den 11 Juni 1 Jahr alt. Wie du schreibst hast du viele
hören müßen, aber ich denke nicht von mir ich habe meine
Pflicht gethan mit der Mutter nicht daß du denkst i
hätte nicht recht gethan. Nun wunder hält von dem Jün
daß ich hoffe daß du nicht mehr mit ihm vergehst als
zu mir denn er ist es nicht werth und der Nikolaus da
soll das Geld haben was ihm zusteht denn ich habe schon
Beschlag darauf gelegt daß der Herr Professor nichts
zu erhoffen hat. Gedenkst du in Birkendorf zu bleiben
oder wie steht es aus mit dir du schreibst mir nichts.
Hast du keine Lust um hier her zu kommen
Ich will schließen und dich herzlich grüßen Dann die lieben
Brüder [illegible] Grüße Heinrich und Frau alle seine Kin
und Geschwister alle in Birkendorf) schreibe bald

Blatt 4

Ich arbeite in einer Zweirad-Fabrik, ich bin Nachtswächter, ein sehr guter Posten und stetiger Lohn 12 Dollar, die Woche, ich habe keine Arbeit, blos ich muss jede Stunde herum patrolieren gehen, wegen der Feuerversicherung, wenn Feuer soll ausbrechen, des Nachts.
Hier schicke ich dir ein Bild von meiner ältsten Tochter, sie ist nach der Mutter getauft, damals war sie 3 Jahr alt, und jetzt bald wird sie 4 Jahr alt . Unser Sohn wird im 11. Juli ein Jahr alt. Wie Du schreibst, hast Du vieles hören müssen, aber ich denke nicht von mir, ich habe meine Pflicht getan mit der Mutter. Nicht das Du denkst ich hätte nicht Recht getan.
Nun wiederholt, von dem Juden das ich hoffe, daß Du nicht mehr mit ihm verkehrst, als Bruder zu mir, denn er ist es nicht wert, und der Niklaus der sollt das Geld haben was ihm zusteht. Denn ich habe schon Beschlag darauf gelegt, das der Herr Professor nichts zu erhaschen hat.
Gedenkst Du in Biggendorf zu bleiben, oder wie sieht es aus mit dir. Du schreibst mir nichts hast du keine Lust um hierhin zu kommen. Ich will schliessen und Dich herzlich grüßen, Dein Dich liebender Bruder, Johann, grüsse Heinrich und Frau alle seine Brüder und Geschwister, alle in Biggendorf, schreibe bald.

5) aber Undank ist des Menschen
Lohn, aber ich bin zu meinem
Vermögen gekommen, Sie dieser
Schwester Gott verleihe ihr die ewige
Ruhe wie Sie nach Deutschland gegangen
ist, und hat alles Versteigert da
habe ich den Herr Lorenz in Kirch-
berg gefahren und er hat beschlag
auf alles Hab und Gut sodass
sie mich bezahlen mußten;
ich bin so gescheit wie der Alex
denn wie ich in der Briefe gelesen
habe dass du dem Christmann
dem Alex seine Adresse geschickt
hast dass war gerade wie ein
schlag für mich, denn ich habe
auf der Stelle Christmann denselben
Tag geschrieben und ihm gesagt
und alles auseinandergelegt vom
Nickolas Vermögen, so dass der
Alexander Schmitz die Nase
stutzen kann, und der Bruder
Nickolaus soll der Schwester

Blatt. 5

Aber Undank ist des Menschen Lohn, aber ich bin zu meinem Vermögen gekommen, zu unserer Schwester, Gott verleihe ihr die ewige Ruhe, wie sie nach Deutschland gegangen ist und hat alles versteigert. So habe ich dem Herrn L. in Kürenz in Auftrag gegeben, und er hat beschlag auf alles Hab und Gut, so dass sie mic h bezahlen mußten. Ich bin so gescheid wie der Alex. Denn wie ich in den Briefen gelesen habe, daß Du dem Christmann dem Alex seine Adresse geschickt hast, das war gerade wie ein Schlag für mich, denn ich habe auf der Stelle Christmann geschrieben und ihm gesagt, und alles auseinandergelegt. Vom Nikla-Vermögen so daß der Alexander Schmidts, die Nase pützen kann und der Bruder Nikolaus soll der Schwester

Erbtheil haben denn es steht ihnen je
ein voller Recht zu und ich werde
sehen daß wir es bekommen ich weiß
Nikolai darum Kenntniß setzen
daß er es weiß, Nun Bitte ?
Lasse der früheren Schwager
oder Alex oder Konrad daß Ich ihm
schlecht dir ein Wink geben so möchte
du um solchen nicht bekümmert
sein. Ersteres war er unseren
Familie Verderben bloß auf
bedacht. Jetzt fällt es mir schwer
von unserer lieben Mutter ja
er hat ihr Geld müssen haben
aber hat er keine Ruhe 2) hat
er Sie in Deutschland sitzen
und nicht mit hier her gebracht
3) ist er der Ursache schuldig an
unserer Schwester daß Sie
als Küchen Gesinde fort müssen
ja Bruder Jacob ja ich kann
es beschwören bei Gott dem
Allmächtigen daß er Todt unserer
Schwester war und er weiß

Blatt 6

ihr Erbteil haben, denn es steht ihm in vollen Recht zu und ich werde sehen, daß er es bekommt. Ich werde Nikola davon kenntnis setzen, daß er es weis. Nun bitte?
Lasset der frühere Schwager oder Alex oder könnte das blos Dir einen Wink geben, so möchtest Du um solche nicht bekümmert sein.

1. *War in unseren Familie verderben blos auf Betrug , jetzt fällt es mir schwer von unserer lieben Mutter , ja er hat ihr Geld müssen haben, eher hat er keine Ruhe.*
2. *Hat er sie in Deutschland sitzen und nicht mit hier her gebracht.*
3. *Ist er der Rache schuldig an unserer Schwester, das sie ins kühle Grab fort müssen.*
   Ja Bruder Jakob, ja ich kann es beschwören, bei Gott dem Allmächtigen, das er den Tod unserer Schwester war. Und er weis

Verwirdest du bloß ein halbes Jahr
sein so hätt ich dir Zeugen bring
von dem Hospittal wo Sie
gestorben ist, und wie weiß ich
Sie gestorben daß weiß ich die
schlechte Krankheit die Sie von
ihm bekommen hat weiß. Vieleicht du
davon da denkst vieleicht daß es
nicht, wenn du es nicht glaubst
so kann ich dir es schriftlich vom
Hospital auch zuschicken, denn
er hat sie behandelt wie ein Hun
ja wie oft du Nachts fort
Sie und die Kinder zu mir
gekommen und haben Zuflucht
bei mir genommen, ja weiß ich nich.
gethan für Schwester und Kin
daß wißen die Leute hier um
Schwestern im Hospital ich war
die Zeit noch Ledig und Geld ha
ich (3) Kühe war unsere Schwester
Todt und war noch nicht begraben
so hat er dann unser Bruder
Stiller, seine Frau bei sich. ....

a)

Blatt 7

Und er weis , würdest du blos einen halber hier sein, so tät ich dir Zeuge bringen aus dem Hospital wo sie gestorben ist, und an was ist sie gestorben, das weis ich sehr schlecht , Krankheit die sie von ihm bekommen hat. Was sagst du davon, denkst vielleicht das er nicht wenn du es nicht glaubst, so kann ich dir es schriftlich geben vom

Hospital aus zuschicken, denn er hat sie tracktiert wie ein Löwe, ja wie oft des Nachts sind sie und die Kinder zu mir gekommen und haben Zuflucht bei mir genommen. Ja was ich nicht getan für die Schwester und die Kinder, das wissen die Leute hier und die Schwestern hier im Hospital, ich war die Zeit noch ledig und Geld ,habe ich 3 Dollar, unsre Schwester tot und war noch nicht begraben, so hat er dem unser Bruder Nikla sein Frau bei sich und ist bei ihm

und ist bei ihm geblieben bis jetz
nicht vor 3, 4 Jahr schon ja er hat auch
unseres Bruders Glück zerstört
der Bückle hat sich scheiden versucht und hat den armen Karl viel
Geld gekostet, Ja die haben schon
lange zusammen gehalten was
schallen weiß du die Liese elter
ich lebte der Gallenck der kam
die nicht früh genug aus dem
Weg gekommen. Ja unsere liebe
Mutter Sie war nicht sehr lange
krank hatte daß Unglück sie
getroffen denn ich hatte schon alle
Möbel gekauft um allein zusammen
zu leben ja sie war so glücklich
darüber und hat die Stunde nicht
erlebt, sie hat noch 5 Tage gelebt
nach dem Unglück, Ja sie hatte
auch noch gewartet ehe sie abgeschieden ist habe noch gesprochen mit ihr
Bräutigam und ers denn ich war
ihr alles Sie ist glücklich gestorben
mit allen Sakramenten versehen

Blatt 8

geblieben bis jetzt.
Zwischen 3. 4. Jahr schon, ja er hat auch unseres Bruders Glück zerstört, der Nikla hat sich scheiden von ihr, und den armen Kerl viel Geld gekostet.Ja die haben schon früher zusammengehalten was ich selber weis, da die Schwester noch lebte, der Halunk!
Der konnt sie nicht frühgenug aus dem Weg bekommen. Ja unsere liebe Mutter, sie war nicht sehr lange hier, da hatte das Unglück sie getroffen, denn ich hatte schon alle Möbel gekauft um allein zusammenzuleben.Ja sie war so glücklich darüber und hat die Stunde nicht erlebt. Sie hat noch 5 Tage gelebt nach dem Unglück ja sie hatte auf mich gewartet ehe sie abgeschieden ist. Ich habe noch gesprochen mit ihr, niemand anders, denn ich war ihr alles. Sie ist glücklich gestorben mit allen Sakramenten versehen.

9/ Ja unsere liebe Mutter hatte eine ruhige Sterbe Stunde
möge Gott auch keinem solche wie die hatte verleihen.
ja unsere theuerste Mutter ist ruhig dem Herrn entschlafen
und ich allein habe sie beerdigen lassen daß alles habe
ich allein bezahlt ein schön Begräbniß die Unkosten haben
mich immerhin über 50 Dollar gekostet ohne der Platz
auf dem Kirchhof, ja sie die unsere liebe Mutter
sie liegt auf meinem Eigenthum waß niemals kann
umgegraben auf einem schönen Katholischen Kirchhof
es ist nicht ein Platz wo man blos eine Leiche beerdigen kann
sondern es ist ein Familien Platz 8 Fuß bei 16 Fuß
wo ich auch gedenke neben ihr Ruhe finden können.
ja ich bin stolz darauf daß ich weiß daß sie auf
Besitz fremden Gut und Friede ruhen kann, wenn ich
nach Chicago gehe so werde ich auf den Kirchhof gehen,
wenn es geht wie ich will so werde ich bald einen Steinernen
Grabstein machen lassen, ein Familien Grabstein.
Ja Bruder Jackob mir geht es gut und wie geht es dir
wie kommt daß du in Deutschland bist dann daß ist doch keine
Verwandtschaft zu dir bist du nicht mehr in dem ~~[illegible]~~ Orden wo
du dazu gehörte waß betreibst du denn, ja wenn ich alles
sollte schreiben so müßte ich noch einen ganzen Bogen schreiben

Blatt 9

Ja unsere liebe Mutter hatte eine ruhige Sterbestunde, möge Gott uns eine solche wie sie hatte verleihen. Ja unsere teuerste Mutter ist ruhig dem Herrn verschlafen und ich allein habe sie beerdigen lassen, das alles habe ich allein bezahlt. Ein schön Begräbnis, die Unkosten haben mich immerhin über 50 Dollar gekostet ohne den Platz auf dem Kirchhof.
Ja sie ,die unsere Liebe Mutter sie liegt auf meinem Eigentum was niemals kann umgegraben auf einen schönen katholischen Kirchhof. Es ist nicht ein Platz wo man blos eine Leiche beerdigen kann, sondern es ist einen Familienplatz. 8 Fuß bei 16 Fuß wo ich auch gedenke neben ihr Ruhe finden zu können. Ja ich bin stolz darauf, wo ich weis , daß sie auf Besitz liegen tut und in Friede ruhen kann. Wenn ich nach Chicago gehe,so werde ich auf den Kirchhof gehen wann es geht,wie ich will so werde ich bald ein steinernen Grabstein machen lassen. Ein Familiengrabstein. Ja Bruder Jakob mir geht es gut und wie geht es dir, wie kommt das du in Biggendorf,das ist doch keine Verwandtschaft zu dir, bist du nicht mehr in dem .... was du dazu gehörte, was betreibst du denn, ja wenn ich alles sollte schreiben, so möchte ich noch eine ganze Woche schreiben.

Wo ist ihre Schwester Margaretha was schafft der Heinrich und
Gerhard und Hannes sind die verheirathet ja ich wünsche alle
viel Glück und Segen ja ich werde der Magdalena auch
ein Bild schicken später hin schreibe mir Neuigkeiten
bist du immer noch ledig geblieben von den Geschwister
daß will ich wißen. Nun ist 3 Uhr und der Tag bricht
herein daß ich bald wieder nach Hause gehe zu meinen
lieben Kindern wenn du mal hier bist dann weißt du wo du
hin zu gehen hast, ja ich möchte dir auch einen Posten vergönnen
wie meinen brauch nicht aus der Fabrik zu gehen jede
Stunde gehe ich einmal rundschau nachsehen daß nicht mehr 15
Minuten dann warte ich bis die nächste Stunde jede Stunde
~~[illegible]~~ ich 15 Minuten im [illegible] sitzen die Zeitung lesen.
nein daß ist alles gut genug und gehalten sie dabei lesen.
Ich habe auch ein [illegible] gehat habe es wieder verkauft
Nun mache es so und wie ich bald wieder zu sehen kaufe nicht
mehr Kleider wie du nothwendig hast dann wenn du hier bist
so kauft man noch dieser Mode Nun ich wünsche dir viel
Glück zu deinem Namenstag daß Geld dazu.
Ich will nun schreiben schließen und euch alle Herzlich
Grüßen. Dein treuer Bruder

Kenosha

Blatt 10

Wo ist ihre Schwester Margareta
Was schafft der Heinrich, und Gerhard und der Hennes sind die verheiratet?
Ja ich wünsche allen viel Glück und Segen, ja ich werde der Magdalena auch ein Bild schicken späterhin, schreibe mir Neuigkeiten, bist Du niemand was schuldig geblieben?
Von den Geschwistern, das will ich wissen .Nun ist es 3 Uhr und der Tag bricht heran, das ich bald wieder nachhause gehe zu meinen lieben Kindern, wenn du mal so bist, dann weist du wo du hinzugehen hast. Ja ich möchte auch dir einen Posten vergönnen wie meinem ,brauch nicht aus der Fabrik zu gehen. Jede Stunde gehe ich einmal Rundschau machen, das nimmt mich 15 Minuten,dann warte ich bis die nächste Stunde.Jede Stunde muss, das ist alles gut genug, möge Gott es so dabei lassen. Ich habe auch ein Zweirad gehabt, habe es wieder verkauft. Nun mache es so, und wie wir dich bald wieder zu sehen,kaufe nicht mehr Kleider wie du notwendig hast, denn wenn du hierbist, so kauft man nach dieser Mode.
Nun ich wünsche dir viel Glück zu deinem Namenstag, das Geld dazu, ich will mein Schreiben schliessen und auch alle herzlich grüssen, dein treuer Bruder Johann Breiling.
Grand street, 96, Kenosha.

Kenosha den 17 Juni 1898.

Theuerster Bruder.

Da doch endlich ist nicht ewig
der andern Schweigen will ich
ein schreiben anfangen, die
lieben bittern Schweigen würde
doch endlich meinen Wunsch
erfüllt haben wo ich gar lange &
lange hab darauf gewartet
habe und war vergeben bis jetzt
Wie du in deinem Schreiben
anfängst meinst du daß Bescheinigung
verwundern würde ein Paar
Zeilen von dir zu erhalten
ja wenn du bloß eine Ahnung
davon hättest so hättest du schon
längst geschrieben, daß war meine
Sehnsucht von dir zu hören
und könnte ich zu dir sprechen
so möchte ich mich ganz anders
aus drücken was diesen Weg

Brief 12

Kenosha den 1. Juli 1898
Teuerster Bruder jedoch endlich ist nicht ewig, ja unter Tränen will ich mein Schreiben anfangen, ja unter bitteren Tränen. Werde ich doch endlich meinen Wunsch erfüllt haben, wo gar lange her darauf gewartet habe und immer vergebens bis jetzt, wie Du in Deinem Schreiben anfangs meinst Du, daß ich mich verwundern würde ein paar Zeilen von Dir zu erhalten, ja wenn du blos eine Ahnung davon hättest ,so hättest du schon eher geschrieben.
Das war meine Sehnsucht von Dir zu hören,dann könnte ich zu Dir sprechen.So möchte ich mich ganz anders ausdrücken, was diesen Weg

(2) [illegible]
zu schwer ist. Nun lieber Bruder
daß erste waß ich fragen thue
ist mein Wunsch daß daß du
wieder in der Heimath bist denn
schon 2 Jahre auf heimathlichen
Boden und mir noch nicht geschrieben
denn ich habe schon Briefe geschrieben
von New York mit einem
höhern Staatsbeamten vom
Franziskaner Orden und habe
Briefe von dir dort hergeschickt
und dein Bild um auszufinden
wo du bist daß alles ist noch dort.
Lieber Bruder Jakob. Du schreibst
mir nämlich vom Christmann
ich wüßte nur wo er sein
Wohnsitz hat eben ich wollte
nur Schwarz auf weiß haben
so daß ich aufweißen konnte
waß es zu bedeuten hätte
Nun diesen Weg ist es besser
Ich habe Christmann ein [illegible]

Blatt 2

zu schwer ist. Nun lieber Bruder, das erste was ich fragen tue ,ist wie kommts, dass Du wieder in der Heimat bist.Denn schon 2 Jahre auf dem heimatlichen Boden und mir noch nicht geschieben, denn ich habe schon Briefe gewechselt von New York mit einem höheren Standesbeamten, vom Franziskaner Orden,
und habe Briefe von Dir dorthin geschickt. Und Dein Bild ,um rauszufinden wo Du bist, das alles ist noch dort.Lieber Bruder Jakob, du schreibst mir nämlich von Christmann, ich wusste immer wo er seinen Wohnsitz hat, aber ich wollte immer schwarz auf weiß haben, so dass ich aufweisen konnte, was es zu bedeuten hätte, nun diesen Weg ist es besser ich habe Christmann ein anständigen Brief

3/

Brief so daß ich dencke daß er
kaum zu finden sein, so daß er
mir Antwort zurück schreibt,
so werde ich mit meiner Familie
mit auf Besuch nehmen denn
wir wären diesen Sommer
nach Chicago gegangen Ich bin
5½ Jahr schon verheirathet wir
zwei Kinder ja liebe Kinder
Sohn und Tochter. Nun wie
du mir ja schreibst hast du dem
Alex unserm frühern Schwager
seine Adresse denn Christmire
geschickt, Nun sage ich dir auch
wie unser Bruder Nikolaus
nach Amerika gegangen ist
da hat er fort sollen bei daß Militär
eintreten und ist hierin gekommen
und hat dem Alex sein Vermögen
[illegible]. der Nikolaus hat dem Alex sein
Vermögen überschreiben so daß
der Preuße es nicht nehmen
konnt

Blatt 3

sodaß ich denke das er kann zufrieden sein, sodaß er mir Antwort zurückschreibt. So werde ich meiner Familie mit auf Besuch nehmen , denn wir wären diesen Sommer nach Chicago gegangen. Ich bin 5 einhalb Jahre schon verheiratet, wie 2 Kinder ,liebe Kinder Sohn und Tochter, nun wie du mir ja schreibst, hast du Alex unseren früheren Schwager seine Adresse dem Christmann
zugeschickt. Nun sage ich Dir eines, wie unser Bruder Niklaus nach Amerika gegangen ist, da hat er sollen bei das Militär eintreten und ist hierhin gekommen und hat dem Alex sein Vermögen überschrieben, so dass der Preuße es nicht nehmen konnte.

4/ denn er hat keine Zeit mehr übrig
gehat denn er hätte sollen den nächsten
Tag müßen eintreten bei daß Militär
der Alex sollte es ihm hier hin
schicken wann er hink mehr aber er hat
es bis jetzt noch zu thun, und hat
seine Schulden draußen damit
bedeckt Sie ich denke daß es über
400 Thaler sein wo der Nikola
von ihm zubekommen hat,
wie hat der Alex es gemacht mit
mir also wie ich großjährig wär
daß kam er nach Amerika da
habe ich ihm Auftrag gegeben
daß er soll mein Vermögen
mir mitbringen, Sie Sie hier
hin kennen da hörte ich daß
Sie noch haußen und Alles noch
in Deutschland hätten und hatten
mein Vermögen auch noch dorig
gemacht, aber dennoch ich haben
ihnen weitergeholfen Sie daß
viele Kinder zu ihren Eltern nicht so
gut sind wie ihr war.

Blatt 4

Denn er hat keine Zeit mehr übrig gehabt, denn er hätte sollen den nächsten Tag müssen eintreten bei das Militär. Der Alex sollte es ihm hierhin schicken, wenn er hier war, aber er hat es bis jetzt noch nicht getan, und hat seine Schulden draussen damit bedeckt.
Ja ich denke das es 400 Taler sein, wo der Nikola von ihm zu bekommen hat.
Wie hat der Alex es gemacht mit mir, wie ich großjährig wär, das kam er nach Amerika da habe ich ihm Auftrag gegeben, das er soll mein Vermögen mir mitbringen. Ja ,als sie hier hin kamen, da hörte ich, daß sie noch Haus und alles noch in Deutschland hätten,hatten mein Vermögen auch noch darauf gemacht.Aber dennoch ich habe ihnen weitergeholfen, ja das viele Kinder zu ihren nicht so gut sind wie ich war.

Kenosha 16 Okt 1898.

Lieber Bruder Jackob

Ich habe deine zwei Briefe erhalten, ich hoffe hoffentlich daß du mein ersten Brief bekommen hast, denn du muß mußt mich entschuldigen wegen meines langen wartens denn ich habe auf Bruder Nikolaus sein schreiben gewartet.

Lieber Bruder Jackob. Du willst gerne wissen den Familien namen von meiner Frau der ist Helena Heinz und ihr Vater heißt Phillip Heinz er war Austräger in Bitburg und so auch seine von Frankreich.

Brief 11

Kenosha, den 16 .Oktober 1898
Lieber Bruder Jakob ich habe deine 2 Briefe erhalten, ich hoffe hoffentlich, daß Du meinen ersten Brief bekommen hast, denn Du mußt mich entschuldigen, wegen meines langen Wartens, denn ich habe auch Bruder Nikolaus sein Schreiben gewartet, lieber Bruder Jakob,Du willst gerne wissen den Familiennamen meiner Frau, der ist Helene
Heinz und ihr Vater heißt Phillip Heinz, er war Anstreicher in Bitburg und so auch hier von Proffession.

(2).

waß betreib der Frau ihren
Bruder in Chicago!

Lieber Bruder Jackob. Du
schreibst mir vom Alex und
willst wißen waß für Frau
als er geheirathet hat ich habe
dir es schon geschrieben dem
Bruder Nikolaus seine erste
Frau sie lebten zusammen
in wilder Ehe Sie sind fort
von Chicago gegangen weil
Sie sich nicht mehr aufhalten
dann ich war dem Geschlagten
Karl auf den Daumen sonst
wäre er in Verlegenheit
gekommen Nun weiß ich nicht
ob Sie Sie getraut sind oder
nicht, waß mich nicht drücken
thut denn ich will nichts wißen
von den Hund

Blatt2

Was betreibt den Frau ihren Bruder in Chicago ,lieber Bruder Jakob, du schreibst immer von Alex, und willst wissen was für eine Frau ,als er geheiratet hat, ich habe Dir es schon geschrieben.Dem Bruder Nikolaus seine erste Frau ,sie lebt jetzt zu maßen in wilder Ehe, sie sind fort von Chicago gegangen, weil sie sich nicht mehr aufhalten ,denn ich war dem schlechten Kerl auf den Beinen, sonst wäre er in Verlegenheit gekommen. Nun weis ich nicht ob sie getraut sind oder nicht. Was mich nicht drücken tut.Denn ich will nichts wissen von dem Hund.

Ich habe Bruder Nikolaus
sein Brief gelesen, sodaß er
niemand rathen thut me hier
hin zu kommen, ich habe im
geringsten nichts gegen ihn
aber muß ich sagen es ist kein
Bruder Johann denn wann
er daß hätte thun müßen
waß ich gethan habe zu Schwag-
und Kinder denn war es
ihr oft schlecht ergangen
er ist auch gestorben daß nenne
ich keine Bruder Liebe
denn waß ich Bruder oder
Schwester kann thun daß
geschied von der Grund Berge-
-nnind Herz und wär ist mir
näher wie ein Bruder Herz
Schwach Frau und Kinder
sie ich bin auch gestorben aber
nicht den weg

Blatt 3

Ich habe Bruder Nikolaus sein Brief gelesen, so das er niemals raten tut, um hierhin zu kommen. Ich habe ein ganzen im geringsten nichts gegen ihn, aber muß ich sagen es ist kein Bruder Johann,denn wann hätte er das hätte tun müssen, das ich getan habe zu Schwestern und Kindern, dann wär es ihr oft schlecht gegangen.Es ist eng, sparsam, das nenne ich keine Bruderliebe, denn was ich Bruder oder Schwester kann tun, das geschiet von der Grundlage meines Herzens. Wer ist einem näher wie ein Bruderherz. Doch nach Frau und Kinder, ja ich bin sparsam aber nicht den..........

Nun ich schicke ihm auch ein
Brief und ihm es ans Herz
legen es kommen jeden Tag fast
Leute von Deutschland die
schlagen sich durch so gut wie
er. Nikolaus schreibt dir
er hätte schon vor Unglück
gehat daß nenne ich keine
Unglück wann einer eine
Kuh mit dem Kalb kauft und
war noch nicht verheirathet
es war eine Frau daß ist
genug er wollt ein Frauen
zimmer haben waß ihm
viel Geld durch gekostet hat
jetzt scheint es mir er hat ein
gute Frau oder Mädchen
geheirathet so denke ich
denn ich war einmal dort
gewesen

Blatt 4

Nun ich schicke ihm auch einen Brief und ihm es ans Herz legen . Es kommen ja jeden Tagen fast Leute von Deuschland, die schlagen sich auch durch ,so gut wie er. Nikolaus schreibt Dir er hätte schon viel Unglück gehabt, das nenne ich kein Unglück, wenn einer eine Kuh mit dem Kalb kauft und war noch nicht verheiratet. Es war eine Sau, er wollte ein Frauenzimmer haben, was ihm viel Geld gekostet hat. Jetzt scheint es mir ,er hat eine gute Frau oder Mädchen geheiratet so denke ich , denn ich war einmal dort gewesen.

Kenosha, Wis., 19 Febuar 1899.

Theurer Schwager!

Auch Ich will Ihnen gleichfalls einige Zeilen schreiben, und Ihnen unseren recht herzlichen Danken für die Glückwünsche welche Sie uns gesandt haben, Theurer Schwager Ihr liebes Schreiben hat uns schon ein recht traurig ~~Tage gemacht, doch hoffe ich dass mit~~ Gottes Hilfe wird es so weit kommen wie Sie in Ihrem werthen Schreiben sich geäußert haben, denn ~~[illegible]~~ unseren Schwager Jakob Sie zu vergessen ist uns unmöglich, denn meine kleine Kati spricht immer von Ihnen [illegible], ~~Sie bittet dass Onkel Jakob bald zu uns~~ kommt, der liebe Gott hoffe ich wird auch [illegible], so viel können Sie denken dass wir Sie nicht vergessen können.

Kenosha Wis. 19. Februar 1899

Teurer Schwager, auch will Ihnen zu gleicher Zeit einige Zeilen schreiben und Ihnen erstens recht herzlich danken für die Glückwünsche welche Sie uns gesendet haben.

Teurer Schwager Ihre liebes Schreiben hat uns in eine recht traurige Lage versetzt, doch hoffe ich, dass es mit Gotteshilfe nicht so weit kommt, wie Sie in Ihrem werten Schreiben sich geäußert haben, denn werter Schwager Jakob,
Sie zu vergessen ist uns unmöglich, denn meine Tochter Kati tut immer von ihnen sprechen, selbst sie betet ,das Onkel Jakob zu uns kommt. Der liebe Gott hoffe ich wird auch ihr Gebet erhören, somit können Sie denken daß wir Sie nicht vergessen können

und waren. Ich bin krank gewesen und
die Kinder dann waren wir [illegible] alle [illegible],
daß jetzt Ich und mein Gatte alles überstehen,
und Ihnen Sie recht bald In unserer Mitte
zu haben, Sie müssten mehr Glück haben
es wird auch schon wieder besser werden,
dann würden Sie [illegible] nichts mehr
schreiben ehe würde Sich sehr freuen,
daß wünscht Ich nicht, daß wir keine
Briefe mehr erhalten, denn mit Sehnsucht
warten wir immer auf Ihr schönes
Schreiben. Meine Gesundheit ist jetzt besser
wie einmal, und [illegible] recht das Leben
an der Seite, meines Gatten, die Kinder
sind alle recht gesund, Ich würde Ihnen Bilder
schicken von uns aber da Ich bloß noch 1
Brautbild besitze so muss Ich dieses zum behalten aber wenn wann wird dann wollen
wir die Familie abholen dann sollen Sie
gleich ein Bild bekommen, Nun hoffe Ich auf
eine baldige Antwort bitte Ihre treue Schwägerin H.

Blatt 2

, und wäre ich nicht krank gewesen,und die Kinder, dann wäre vieles anders als es ist. Doch werde ich und mein Gatte alles versuchen und tun Sie recht bald in unserer Mitte zuhaben. Sie müssten mehr Mut haben und es wird auch schon wieder besser werden,denn würden Sie Johann nicht mehr schreiben, so würden Sie sich sehr krämen . Doch wünsche ich nicht das wir keine Briefe mehr erhalten,denn mit Sehnsucht warten wir immer auf Ihr teures Schreiben.Meine Gesundheit ist jetzt besser. Wie einmal, und das freuen das das Leben an der Seite meines Gatten .Die Kinder sind alle recht gesund ,ich würde ihnen Bilder schicken von uns, aber da ich blos noch ein Brautbild besitze so möchte ich dieses gern behalten,aber wenn es wahr wird,dann wollen wir die Familie abholen dann sollen sie gleich ein Bild bekommen.
Nun hoffe ich auf eine baldige Antwort, bitte , Ihre treue Schwägerin H.

Kenosha den 28 Mai 1899

Theuerster Bruder
Jackob.

Dein werthes Schreiben habe ich bei
guter Gesundheit ja wo ich schon
lange erwartet habe, denn ich sollte
denken daß du brauchst nicht so
lange warten brauchst um mir zu
schreiben denn du schreibst mir
nicht zu viel und nicht zu oft ja
du bist bei mir jede Stunde
des Tages denn ich besitze noch
Bruder Liebe ja schon manche
Thränen habe ich vergossen wegen
deiner; ja besonders empfehle ich dir
in der hl Messe jeden Sonntag
auf ein glückliches Wiedersehen,
was wir hoffen und wünschen
lieber Bruder. Du schreibst mir
es wäre besser wenn ich dir daß
Geld schicken für dieß Billet zu
bezahlen. Ich danke nicht so

Teuerster Bruder   1899

An Jakob
Dein wertes Schreiben habe ich bei guter Gesundheit ,ja wo ich schon lang erwartet habe,denn ich sollte denken das Du brauchst nicht so lange warten ,um mir zu schreiben,denn Du schreibst mir nicht zu viel und nicht zu oft,ja du bist bei mir jede Stunde des Tages, denn ich besitze noch Bruderliebe, Ja schon manche Träume habe ich vergessen wegen Deiner, ja besonders empfehle ich Dich jeden Sonntag auf ein glückliches Wiedersehen was wir hoffen und wünschen. Lieber Bruder du schreibst nun es wäre besser wenn ich Dir das Geld schicke für das Billet zu kaufen. Ich denke nicht so

daß Billet kann ich hier billiger
kaufen wie draußen so viel wie
ich weiß und 2.) kann ich sagen daß
daß Billet gut ist für ein ganzes
Jahr, die Hauptsache ist aber
daß du wieder gesund wirst
denn die Auswanderer werden
alle in New York durchsucht ob
sie tauglich sind; d.h. gesund sind
Nun es arbeitet ein Berliner bei mir
in derselben Gerberei er hat kleinere
Lohn wie ich der ist zwei Monat
hier der sagte mir daß über 20
Personen wieder zurück haben
müssen denn es ist ziemlich streng
Nicht damit du denkst daß ich
dich damit abschrecke daß du
willst draußen bleiben. Nein
ich sage dir wie ich es meine und wie
du es meinen sollst wenn du auch
älter bist wie ich aber dennoch
ich weiß besser Bescheid

Blatt 2

das Billet kann ich hier billiger kaufen wie draußen.So viel wie ich weiß, und 2. kann ich machen das Billett gut ist für ein ganzes Jahr. Die Hauptsache ist die,dass du wieder gesund wirst . Denn die Auswanderer werden alle in New York durchsucht ob sie tauglich sind, das heisst gesund . Es arbeitet ein Berliner bei mir in derselbsen Gerberei,er hat einen kleinen Sohn wie ich,der ist 2 Monat hier,der sagte mir das über 20 Personen wieder zurück haben müssen,denn es ist ziehmlich streng damit du nicht denkst, dass ich Dich damit abschrecke,dass Du sollst draußen bleiben. Nein ich sage dir wie du es machen sollst,wann du auch älter bist,wie ich. Aber dennoch ich weis bescheid damit.

Nun was die Billet anbetrifft
kann nicht sagen meine ich dir
daß Billet geschickt werden
ich hab meine Familie nach Schikago
auf Besuch paar Woche und ich
auch ich bleibe nur 2 Tag dort dann
ich habe Geschäften dort ab sind 4 Jahr
zurück da bin ich zu Schaden
gekommen in Schikago an der
Hochbahn am Kopf bin ich verletzt
worden über dem rechten Auge
ein Teil Zoll mehr so wäre todt
die Gesellschaft hat die Doktor
bezahlt, ich hätte können damals
klagen jetzt fängt daß an mir
auf der selben Stelle weh thun
ich habe Schreiner verrichtet nun
will ich sehen was ich kann klagen
ich hoffe ich habe Erfolg oder daß
es mir glückt. In meinem nächsten
schreiben kann ich dir mehr von
der Billet schreiben dann werde

Nun was die Billet anbetrifft, kann ich Dir nicht sagen wann ich Dir das Billet schicken werde.
Es geht mit meiner Familie nach Chicago auf Besuch ein paar Wochen und ich auch bleibe nur 2 Tage. Doch dann ich habe Geschäfte dort. Es sind 4 Jahre zurück da bin ich zu Schaden gekommen in Chicago an der Hochbahn, am Kopfe bin ich verletzt worden, über dem rechten Auge ein 8chtel Zoll viel mehr, so wär ich tot. Die Gesellschaft hat den Doktor bezahlt, ich hätte können damals klagen, jetzt fängt das an, mir auf derselben Stelle weh zu tun. Ich habe Schreinerei verpachtet, nun will ich sehen was ich kann machen. Ich hoffe ich habe Erfolg oder das es mir glückt. In meinem nächsten Schreiben kann ich Dir mehr von dem Billet schreiben, dann werde

ich im ganzen mehr wissen, so weit
geht es mir gut und habe sehr gute
Arbeit ich verdiene 9 Dollar die
Woche 1½ Dollar der Tag 10 Stunden
ich habe mich gut schwach gearbeitet
ich war an Arbeit wo ich konnte 12 Dollar
die Woche verdienen daß konnte ich
nicht an meinem Kopfe vertragen.
zu harte Arbeit. Die Zeiten sind hier
gut besser wie die letzten 5 Jahr
guter Lohn und viele Arbeit
Nun wir hoffen daß beste es kann
sein daß in kurzer Zeit bei uns
bist wenn Gott will wie ich gesinnt
bin dann wann man zurück geht
nimmt es eine Zeit lang zu um her
zu sein dann meine Familie
kostet mehr wie du denkst
dem Vorschläge wegen ich mir keine
dann die gehe mir immer fehl sonst
warst du schon lang hier.
ist die Elisabeth Schmitz verheirat
hat sie Kinder. gutes Mädchen
Grüße Sie mir, und ihr Gatte

Blatt 4

ich im ganzen mehr wissen. Soweit geht es mir gut, und habe sehr gute Arbeit. Ich verdiene 7 Dollar die Woche, 142 Dollar, der Tag den 10 Stunden, ich habe mich gut heraufgearbeitet ich war am arbeiten wo ich konnte . .....12 Dollar die Woche verdienen, das konnte ich nicht n meinem Kopfe vertragen, zu harte Arbeit. Die Zeiten sind hier gut,besser wie die letzten 5 Jahr. Guter Lohn und viele Arbeit. Nun wir hoffen das Beste ,es kann sein ,das Du in kurzer Zeit bei uns bist. Wenn Gott will. Wenn ich gesund bin. Denn man zurückgeht, nimmt es eine Zeit lang fort zu sein,denn meine Familie kostet mehr wie du denkst. Denn Vorschläge mache ich mir keine, denn die gehen mir immer fehl,sonst wärst Du schon längstens hier. Ist die Elisabeth Schmitts verheiratet, hat die Kinder, gutes Mädchen, grüße sie mir und ihren Gatten.

Mr. Mathias Dietzen
in Belleville [illegible] Straße
No 15. Ills
Amerika West End.

Belleville den 22 Oct 1896.

Liebe Eltern und [illegible]

Ich wollte Euch [illegible]
[illegible]
[illegible]
[illegible] gesund [illegible]
[illegible]
[illegible] alle gesund
[illegible]

Liebe Eltern
[illegible]
[illegible] den 23ten Okt.
[illegible]
[illegible]
[illegible]
[illegible]

Brief

Mister Matthias Dietzen,Belleville, Eleonois
Amerika Westend,

22.Oktober 1896

Liebe Eltern,
und Geschwister, ich will die Feder ergreifen und euch zu wissen tun,das wir noch gesund sind und wir hoffen ,dass ihr auch noch alle gesund seid,liebe Eltern, bescheid auch die den 2. Oktober und werden sehen das ihr sie richtig erhalten werdet, was wir schuldig dieses Jahr,

Liebe Eltern wir haben
so ein schlechtes Jahr
wie ich noch hatte in
Amerika so lange wie
ich hier bin in diesem
Lande. Liebe Eltern
sind etwas schlechter wie
in Deutschland meine
Louise hat mir geschrieben
von [illegible] hat mir
geschrieben ob wir noch
gesund und munter
sind das war die [illegible]
Katharina [illegible] hat
mir [illegible]
hab [illegible]
beantwortet das hat
sich gefreut.

Liebe Eltern
[illegible]

[illegible] Jahr wird
[illegible] in diesem
Lande denn schlechter
wie da [illegible]
[illegible]
haben [illegible] über
600 Pfund [illegible] Geld
[illegible]
hätten wir einen
fröhlichen Tag denn
ist ein [illegible] Fest
bei uns [illegible]
[illegible]
[illegible]
[illegible] Tag.

Liebe Eltern
ich habe keine 50
Thaler verdient
diesen [illegible]
[illegible]

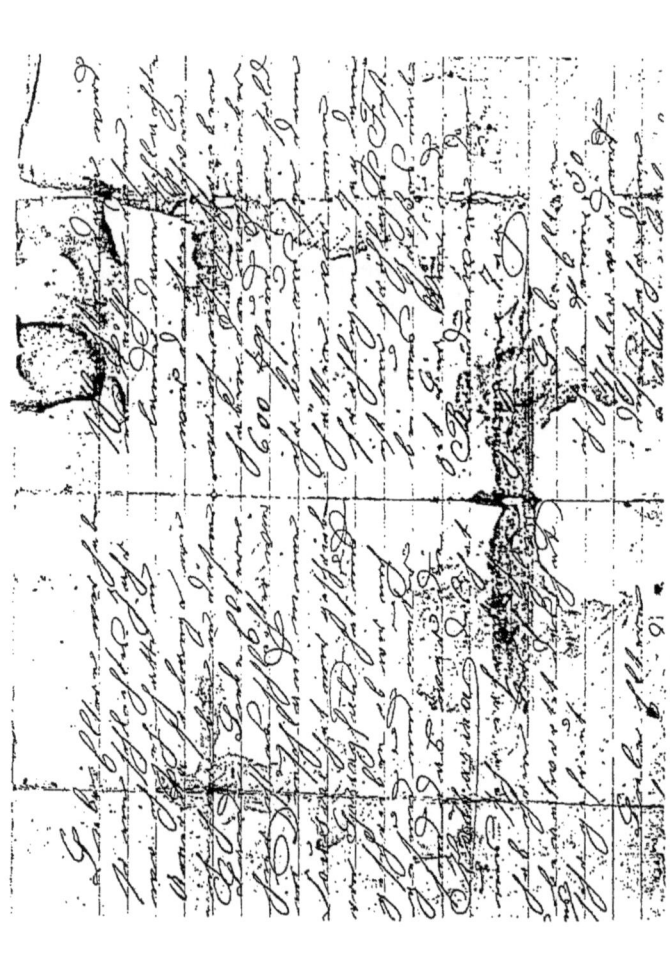

Blatt 2

....

Liebe Eltern wir haben so ein schlechtes Jahr, wo ich jeh hatte in Amerika so lange wir ,ich, hier bin. In diesem Land liebe Eltern, hier ist es schlechter als in Deutschland, meine Kousine hat mir geschrieben von Springfield hat uns geschrieben, ob wir noch gesund und munter sind Das war die Katharina, das hat uns sehr erfreut. Habe ihren Brief gleich beantwortet, das hat sehr gefreut. Liebe Eltern wir fangen den nächsten Monat an

Hier geht's nach schlächten, dann wird es kühl in diesem Lande, dann schlachten wir die 3 Schweine wo ich auch geschrieben habe, die wiegen über 600 Pfund, dann sollt ihr bei uns sein, dann hätten wir einen fröhlichen Tag,dann ist ein fröhlich Fest bei uns .

Ein B Z Bier, Wein und Brandewein den ganzen Tag.

Liebe Eltern ich habe keine 50 Taler verdient dieses Jahr ,daß ist zum Lebens zu wenig.

Belleville

Blatt 3

Mein Adress ist Mister Matthias Dietzen in Belleville , Bauern str. 15, Eleonous Amerika Westend.
Jetzt will ich mein Schreiben schließen und euch alle oder viele tausendmal grüßen,
werde einen besonderen Gruß von meiner Frau für euch und die Susanne.
Grüßt mir meine Brüder Johann, Schwester und Schwager,Verwandte und Bekannte.

Belleville den 11 Mai 1894.

Liebe Eltern und Geschwister.

Ich will die Feder ergreifen und euch zu wissen thun daß ich noch gesund bin aber meine Frau ist immer krank Das kostet viel Geld und habe kein Geld mehr und keine Arbeit schon 3 Monat wir haben auch noch Schulden bei den Doktor Ich wünsche daß dieser Brief euch bei guter Gesund[heit]

[illegible]

Brief..........
Belleville 11 Mai 1894
Liebe Eltern und Geschwister ich will die Feder ergreifen, und euch zu wissen tun,daß ich noch gesund bin, aber meine Frau ist immer krank und das kost immer viel Geld und habe kein Geld und keine Arbeit. Wir haben schon auch noch Schulden bei den Doktors ich wünsche das dieser Brief euch bei guter Gesundheit antreffen wird.

Mensch hat Arbeit in
den Monat ich bin es
nicht alleine mein Herz
kann mehr zu schreiben
Die beiliegenden die Voll=
macht haben ich bekommen
[illegible] in drei Wochen
zurück dann ist sie fertig
ich möchte ich weiß bis
[illegible]
Neuigkeiten weiß ich keine
mehr.
Ich will ich mein Schreiben
schließen und euch viele
tausend mal grüßen
meinen besonderen gruß
für Vater und Mutter
allen Verwandten und
Bekannten.

Verbleibe dein aufrichtig
Bruder A.

wenn ihr die
Vollmacht gesandt
hab.

Kath. [illegible]

[illegible]

[illegible]

Blatt 2

Jeder Mensch hat keine Arbeit, ich bin es nicht alleine . Mir machts keinen Spaß mehr zu schreiben,liebe Eltern die Vollmacht habe ich bekommen. Und ehe ich bin 3 Wochen zurück ,dann ist sie fertig.
Ich wünsche ich wäre bei euch in Deutschland, Neuigkeiten weiß ich keine mehr,ich will nun mein Schreiben schließen und euch viele tausendmal grüßen. Einen besonderen Gruß für Vater und Mutter,für alle Verwandte und Bekannte.
Sobald wie möglich,Antwort wenn ihr die Vollmacht zurück habt.

CAPITAL $50,000 SOUTH PITTSBURG CITY WATER COMPANY

South Pittsburg, Tenn. July 30 189

Quittung

Als Bevollmächtigter Nicolaus Dietzen, zahlte an den unterzeichneten Joseph Schwalen, jetzt wohnhaft in South Pittsburg in Staate Tennessee die baare Auszahlung die Summe 41. Doll. 0 Cents auf mein Erbgut in Beuferst, welchen Empfang ich hiermit bestätigen durch meine eigene Namens unterschrift.

Quittiere

Joseph Schwalen

Diesen Brief schrieb Pastor Kloschinsky (St. Paulin, Trier) an einen Auswanderer in den USA zur Besänftigung.

Kloschinsky ist in Rheinland Pfalz ein bekannter Name, nach Pastor Kloschinsky wurde eine Straße in Trier benannt.

B. P. J. Schr.

St. Paulin, den 28 Jan. 1895

Erst heute erhielt ich die Adresse für Ihren Verwandten, und beeile mich deshalb auch, sie Ihnen alsbald zu übersenden. Wie Sie wissen, war Ihre Mutter aus der Eifel mit ihrer Tochter nach Amerika ausgewandert. Aber dort ist sie sehr bald gestorben, ohne daß ich Genaueres darüber weiß. Ihre Verwandten werden noch ohne Zweifel in Chicago sein, namentlich Ihre Schwester mit ihrem Ehemann Alex Schmitz. Dort können Sie gewiß Näheres erfahren.

Sankt Paulin, 28, Januar 1895

Erst heut erhielt ich die Adresse von Ihren Verwandten und breite Ihnen in der Eile oder breite Ihnen deshalb auch Sie Ihnen alsbald zu übersenden.Wie Sie wissen war ihre Mutter aus der Eifel mit ihrer Tochter nach Amerika ausgewandert,aber dort ist sie selbst sehr bald gestorben ohne dass ich genaueres drüber weiß. Ihre Verwandten werden noch ohne Zweifel noch in Chicago sein,namentlich ihre Schwester mit ihrem Ehemann Alex Schmitts, dort können sie gewiss näheres erfahren.

Folgende Adresse für diesen Schwager Schmitz ist mir mitgeteilt worden:

Mr Alex. Schmitz
in care of A. Thomsen
No 5429 Ashland Ave Chicago Ill.
N. America

Es wurde mir dabei bemerkt, daß man den A. Thomsen ersuchen soll, falls Schmitz nicht mehr bei ihm wohnt, den Brief an ~~ihn, mit dem~~ den Schmitz, mit dem er befreundet ist, zu besorgen.

Der Tod kommt für uns Alte immer näher heran, und sollen wir stets auf denselben vorbereitet sein. Deshalb geben wir uns doch immer mehr Mühe,

Blatt 2

*Folgende Adresse für diesen Schwager Schmitts ist mir mitgeteilt worden, Mr. Alex Schmitts,in Athlanddrive oder Avenue, ... Chicago, Eleonouis,Nordamerika,
es wurde mir dabei bemerkt ,dass man den Anton Franzen ,off St. Thommsen versuchen soll,falls Schmitts nicht mehr bei ihnen wohne, Mr. Alex Schmitts of Carmen oder Thommson, den Brief an den Schmitts mit dem er befreundet ist zu besorgen.
Der Tod kommt für uns alle näher heran und sollten wir stets auf denselben vorbereitet sein.Deshalb geben wir uns immer mehr Mühe*

in der Liebe Gottes und in der Überwindung der Eigenliebe Fortschritte zu machen.

Freundliche Grüße von

Ihrem alten Pastor

v. Bodelschwingh

Blatt 3

in der Liebe Gottes und in der Überwindung der Eigenliebe Fortschritte zu machen, mit freundlichen Grüßen von ihrem alten Pastor
Kloschinsky. (Pastor v.St. Paulin)

Weistfahle den 29 Abrill 1889 1)

Liber Vatter und Gode ich will die Feder
ergreifen und euch zu wissen thun
das wir noch alle gesund sind und hoffe
daß mein schreiben euch bei guter
gesundheit antreffen wird. wir warn
12 tage auf dem [illegible] Wasser ich war 8 tage sch
krank ohne etwas genossen meine Bru-
der und mein Mann haben sich nichts
daraus gemacht wir haben 9 tage und
9 nächten stürmen wind daß man gemeint
habe
es wäre alle verloren. wir hatten 2 tage mitt
der Eisenbahn zu fahren biß bei unsere
Leute. wir waren 2 tage da dann hatte
mein Mann schon arbeit er schafft mitt
meinem Schwager in der Kohlen gruben er
er hatte die erste zeit 5 Mark zu haben
hatt er 6 Mark [illegible]

Morrisdale,den 29 . April 1889

Lieber Petter und Gote, ich will die Feder ergreifen, und euch zu wissen tun, dass wir noch alle gesund sind, und hoffen dass mein Schreiben euch bei guter Gesundheit treffen werde, und wir waren 12 Tage auf dem Wasser ,ich war 8 Tage see krank ohne etwas zu essen, meine Kinder und mein Mann haben sich nichts daraus gemacht. Wir haben 9 Tage und Nächte Sturmwind gehabt, das man gemeint hat, es wäre alles verloren. Wir sind 2 Tage mit der Eisenbahn
Gefahren, bis bei unsere Leute, wir waren 2 Tage da, dann hattte mein Mann schon Arbeit, er schafft mit meinem Schwager in der Kohlengrube, er hatte die erste Zeit 5 Mark jetzt aber hat er 6 Mark verdient,.

er die Zeit immer krank er konnte die
ausgraben nicht vertragen aber jetzt arbeitet er sich selbst es ist besser in [illegible]
in Deutschland für ein schlechtes geld [illegible]
meine brüder die diese arbeit können brau-
[illegible] zu schaffen [illegible]
wir haben ein haus mit [illegible] 12 bis 15 [illegible]
großen garten [illegible] zimmern und eine
Monat 16 Mark [illegible] bezahlen
das [illegible] haus mit [illegible]
können [illegible] und [illegible] zu
[illegible] in die englische [illegible]
[illegible] schule gegangen er [illegible]
Meine [illegible] mit den Kindern ich und mein
[illegible] meine [illegible] ich kann noch
[illegible] mit mir [illegible] daß meine
[illegible] unserem [illegible] schon lange
[illegible] verloren ich habe
[illegible] langsam [illegible] zu hören ich habe schon

Blatt 2

Er wurde aber krank, er konnte die Grube nicht vertragen. Jetzt aber fühlet er sich wohler. Es ist besser in Amerika wie in Deutschland, hier wird vieles Geld verdient. Meine Brüder, die diese Arbeit kennen, brauchen keinen Tag zu schaffen, und dafür 12 bis 15 Mark. Wir haben ein Haus mit 3 Zimmer, wir bezahlen den Monat 16 Mark Hausmiete. Es ist hart in das Land zu kommen und nicht sprechen zu können. Unser Fritz ist schon den ganzen Winter in die englische Schule gegangen, erspricht etliche Worte mit den Kindern. Ich und mein Mann fällt es schwerer zu lernen. Ich kann nicht meine Sachen kaufen, ohne daß meine Schwester mit mir geht. Ich hätte schon lange unserem Matthes geschrieben, aber leider hatte ich seine Adresse verloren. Ich habe schon viel verlanget........

er die zeit immer krank er konnte die [illegible]
angraben nicht ertragen aber jetzt aber besser
al er sich erholt ist besser in amerika als
in deutschland so wie ich fühle geld werden
meine brüder die diese arbeit kennen brau-
chen [illegible] beschäftigen unter 12 bis 15 Ma[illegible]
wir haben ein haus mitt 3 zimmer und ein
großen garten dabei ich wir bezahlen den
Monat 16 Mark haus miete [illegible] bezahlen den
die kinder zu kommen und [illegible] jetzt schon
können [illegible] und [illegible]
[illegible] in die englische schule gegangen [illegible]
[illegible] mit den kindern ich [illegible] spricht
nicht meine [illegible] ich kann [illegible]
[illegible] mit mir dass meine
unsere [illegible] ich [illegible] schon lange
seinen und [illegible] aber [illegible] ich habe
[illegible] lange [illegible] hier zu hören ich habe schon

Blatt 2

Er wurde aber krank, erkonnte die Grube nicht vertragen. Jetzt aber fühlet er sich wohler. Es ist besser in Amerika wie in Deutschlang, hier wird vieles Geld verdient. Meine Brüder, die diese Arbeit kennen, brauchen keinen Tag zu schaffen, und dafür 12 bis 15 Mark. Wir haben ein Haus mit 3 Zimmer. Wir bezahlen den Monat 16 Mark Hausmiete. Es ist hart in das Land zu kommen und nicht sprechen zu können.
Unser Fritz ist schon den ganzen Winter in die englische Schule gegangen. Er spricht etliche Worte mit den Kindern.
Ich und mein Mann fällt es schwer zu lernen. Ich kann nicht meine Sachen kaufen, ohne daß meine Schwester mit mir geht. Ich hätte schon lange unserem Matthes geschrieben, aber leider hatte ich seine Adresse verloren. Ich habe schon viel verlanget

wie weit sehr von ein ander sind und [illegible]
uns vil her arbeiten schafen. lieber Gevatter
schikt mir den andern schein von dem Wech-
sel wieder und von dem andern das sie mir die
von allen die in [illegible] sind. lieber Gevatter
schreibt mir auch wie es mit unserm Stück
ist der Nikolaus Kreiseiler hatt schon
bei 5 Jahr keine Pacht bezahlt er sagt immer
Lorenz wie meiner schwester ihren sohn
und der Jung hatte keinen Pfennig bekommen er [illegible] nicht will bezahlen denn ich kann
[illegible] lieber [illegible] man Herzog er hatt selben
4 Thaler bezahlen gibt auch [illegible]
bezahlt er nicht. lieber Gevatter wenn ich das
Stück kündet [illegible] verkaufen [illegible] verkauft
[illegible] [illegible] und schickt mir das
Geld. lieber Gevatter schreibt mir
auch wol meinen Gott mehr

Blatt 3

Von Dir zu hören, wie weit wir voneinander sind und in was für arbeiten er schaffe.
Lieber Petter schickt mir die Adress von unserem Matthes und von den anderen Kousinen, von denen die in Amerika sind.
Lieber Petter schreibt mir auch wie es mit unserem Stück ist, der Niklas Trierweiler hat schon bis 5 Jahre keine Pacht bezahlt, er sagte immer es wäre meiner Schwester ihrem Sohn .
Und der Junge hatte keinen Pfennig bekommen.
Wenn er nicht will bezahlen, dann kann er lieber Blumen tragen.
Er hat sollen 41 Taler zu bezahlen und diese bezahlt er nicht.
Lieber Petter wenn ihr das Stück könnt verkaufen, verkauft es gut und schickt mir das Geld.
Liebe Petter schreibt mir auch was meine Gode macht.

ob sie noch gesund ist und was ihre Kinder machen und was ihre d. Schwester macht un-
wie sich ihr Kinder [illegible] schreibt mir wie
wie meine andere Verwandte machen ob sie
noch alle gesund sind oder nicht. liebe Schwester schreibt mir gleich andwort und schreibt mir
der andere Sachen mitt wen ich das war
ihren Mutter wenn es möglich ist schreibt
d. mir auch die andere andere Familie
Joseph schwester und dessen in der [illegible]
ich will mein schreiben schliesen und auch
alle Tausendmal grüßen liebe grüße
an meinen Mann sein Vatter und Gedi
und alle verwandte [illegible] grüße
mit und [illegible] liebende Elisabetha
[illegible] Haus No 13 [illegible]

Blatt 4

Ich will mein Schreiben schließen, ob sie noch gesund sind, was Ihre Kinder machen und was näheres was Ihre Katharina macht und wieviel Kinder sie hatte.

Schreibt mir auch von allen anderen, ob sie noch gesund sind. Lieber Petter schreib trefflich gleich Antwort und schicke mir die Adressen mit wenigstens von eurem Matthias, wenn es möglich ist. Josef Schwan und denen in Pühl, ich will mein Schreiben schließen und auch alle tausendmal Grüßen, viele Grüße an Petter von meinem Mann und Gode und alle Verwandte, viele Grüße für alle Verwandte und eure liebende Elisabeth, Thomas und Niklaus Nussbaum, baldige Antwort [illegible] den 14 Februar 1899

Liebe Peter und Gode ich will dir
leider schreiben und auch zu wissen
thun die traurige Nachricht das
mein Mann gestorben ist den 4 Feb
ruar und ist gestorben nach 8 Wochen
langer Krankheit. Ich kann euch nun
fremden Welt mit mein 4 Kinder
der älteste ist 16 Jahr der andere
11 und der 8 Jahr und die kleinste
6 Jahr alt ich bin zu Augenblick
auf der Welt allein letztes Jahr
~~mein ältester Junge ist verunglückt in~~
der Kohlengrube haben sie ihn todt
heim gebracht eine Kohl kar ist
über ihn von 40 hundert schwer Kohlen geladen
und ist jetz ist er besser er kann
wieder schaffen aber ich hoffe

Lieber Petter und Gote, ich will die Feder ergreifen und euch zu wissen tun diese traurige Erfahrung, dass mein Mann gestorben ist, den 4. Februar. Er hatte keine Krankheit, jetzt kann ich in fremder Welt mit meinen 4 Kindern leben, weder..... der älteste ist 16 Jahre, der andere 11 und der andere 8 Jahre, und das kleinste 6 Jahre alt. Ich bin zum Unglück auf der Welt den letzten Sommer. Mein ältester ging verunglückt in der Kohlengrube. Sie haben für Tot heimgebringt. Eine Kohlkarr ist er in von 40 hundert Kohlen gelad, es ist jetzt, ist er besser so, kommt eines auf das andere aber ich hoffe, ...

ob sie noch gesund ist und wie ihr die
e macht und wie ihr die Theiner macht und
wie sich die Kinder Schwester schreibt mir n
nie mein und der andern wegen ob si
noch alle gesund sind oder nicht. liebe S
schreibt mir gleich wieder und schreibt mi
der andern Adressen mit wenigstens den von
ihrem Mann wenn es möglich ist Schw
st. mir auch die andern aus der Familie
Joseph schwager und denen in der Sicht
ich will mein Schreiben schließen und auch
alle tausendmal grüßen viele grüße
von meinem Mann ...
und alle ... viele grüße an alle
verwandten ... viele grüße an alle
mal und Nachbarn ... Elisabeth
... Nr. 13 ...
... und ...

3.
Blatt

Ich will mein Schreiben schließen, ob sie noch gesund sind, was ihr Kinder machen und was näheres was ihre Kathrina macht und wieviel Kinder er hatte. Schreibt mir auch von meinen anderen ob sie noch gesund sind. Lieber Patter schreib trefflich gleich Antwort und schicke mir den Adressen mit wenigstens von eurem Matthias wann es möglich ist . Josef Schwan und denen in der Pühl, ich will mein Schreiben schließen und auf alle tausendmal Grüßen, viele Grüße an Patter von meinen Mann und Gode und alle Verwandte, viele Grüße für alle Verwandte und eure liebende Elisabeth, Thomas und Nikolaus Nussbaum ,baldige Antwort

Ich will mein Schreiben schließen und euch alle Grüßen , ein Gruß für alle Verwandten und Bekannte,liebe tausend Gruß für alle ihre Kinder nicht fehlen tun, schließe ich Marias Schreiben eure teurige Gode Elisabeth Hammes schreibt mir bald Antwort.

---

daß mein Schreiben auch bei guter gesundheit antreffen werde, lieber Vater und
Gode schreibt mir alle Neuigkeiten
von der Verwandschaft. lieber Vater
und Gode ist dir nicht traurig ich bin
jetzt alein mit meine Kindern aber
nun [illegible] in einer Geschäft
weiß einer 5 Stunden weit von uns
und die andere 2 Stunden weit von
uns es sind nicht viele katholische
leute hier [illegible] da sehe ich und die
Kinder waren alle
mit ihm wenn er ist Nacht alein.
ein Mann und meine Frau gestorben der
bei uns ist es [illegible] Frau bei uns
liebe [illegible] 40 Gulden [illegible] die Toten
Begräbniß der Priester und das Leben
für das Grab und der Sarg und
und die 2 Leichenwagen und [illegible]
für die 6 Männer die 2 wagen

Seite 3
Das mein Schreiben euch bei guter Gesundheit antreffen werde, lieber Pater und God schreibt mir alle Neuigkeiten von der Verwandtschaft ,lieber Pater und God ist das nicht traurig, ich bin ganz allein mit meinen Kindern , mit meinen Kindern alleine in Morrisdale.
Mein Geschwister, ist eine 5 Stunden weit von uns , oder in anderen 2 Städten weiter und es sind nicht viele katholische Leute, keine Deutsche, ich und die Kinder waren nachts mit ihm, wenn er gestorben war, ein Mann und eine Frau bei uns. Bei uns ist es sehr teuer, die Totenlade kostet 40 Taler, außer das Begräbnis, der Priester und der Grund für das Grab und der Totengräber und der Totenwagen und 2 Wagen für die 6 Männer,

ihr in die Kirche und ich den Kirch
hof sehen und einen Wagen für
auch mich und die Kinder. lieber
Vater und Gode sagt dem Wirt
hat wenn er kann sollte er mir die
15 Thaler schicken ihr wisst daß
ich kein Geld habe und die Kinder
nicht viel arbeiten können
ich weiß nicht wie ich Haus Zins
zu bezahlen ich bin Tag und Nacht
allein mit den Kindern ich kann
nicht schlafen noch essen selbst kein
Mensch hier mehr bei zu leben
ich wünschte mich nur einmal
bei euch zu sein. lieber Vater
und Gode ich freue mich [illegible]
wir sind wieder selben Platz
wer aus alle kein

die ihn in die Kirche brachten, und einen Wagen für uns, mich und die Kinder. Lieber Patter und Gode saget dem Mathes wenn er kann, solle er mir die 15 Taler schicken.Ihr wisst, daß ich kein Geld habe und die Kinder nicht viel arbeiten können. Ich weis nicht,was ich ihnen tun soll,so viel Geld zu bezahlen, ich bin Tag und Nacht allein mit den Kindern, ich kann nicht schlafen, noch essen,habe keinen Menschen hier mein Leid zu klagen. Ich wünschte mich nur eine Stunde bei euch zu sein. Lieber Patter und Godi schreibt mir gleich Antwort.Wir sind in dem selben Platz. Ich will mein Schreiben

Ich will mein Schreiben
schließen und auf baldiges Wiedersehen
grüße für alle Verwandten und
Bekannte viele herzliche [illegible]

Fred 17

[illegible]

[illegible]

[illegible]

[illegible]

[illegible]

[illegible]

[illegible]

[illegible]

schließen und euch alle grüßen, ein Gruß für alle Verwandte und Bekannte, tausend Grüße von mir für alle ihre Kinder, mit vielen Tränen schließe ich mein Schreiben

Eure traurige Gode Elisabetha Hammes, schreibt mir bald Antwort.

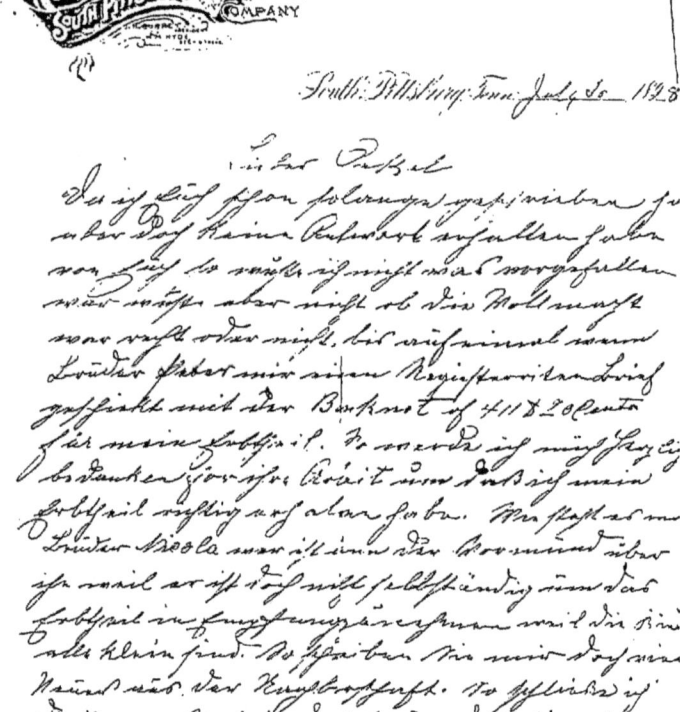

CAPITAL $50,000 SOUTH PITTSBURG CITY WATER COMPANY

South Pittsburg Tenn. July 30 1898

Lieber Paschel

Da ich Euch schon so lange geschrieben habe aber doch keine Antwort erhalten habe von Euch so wusste ich nicht was vorgefallen war wusste aber nicht ob die Vollmacht war recht oder nicht, bis auf einmal mein Bruder Peter mir einen Registrierten Brief geschickt mit der Banknote of 411 $ 20 Cents für mein Erbtheil. So werde ich mich herzlich bedanken für ihre Arbeit und dass ich mein Erbtheil richtig erhalten habe. Wie steht es mit Bruder Nicola war ist ihm der Vormund über ihn weil er ist doch nicht selbstständig um das Erbtheil in Empfang zu nehmen weil die Kinder alle klein sind. So schreiben Sie mir doch mal Neues aus der Nachbarschaft. So schließe ich diese paar Worte in der Hoffnung dass sie alle recht gesund sind. Verbleibe ich ihr dankbarer

Jos. Schwahn

Brief aus Pitzburgh
South Pitsburg 30. Juli 1898

Lieber Onkel da ich euch schon so lange geschrieben habe, aber doch keine Antwort erhalten hatte von euch , so wußte ich nicht was vorgefallen war. Wüßte aber nicht ob die Vollmacht wahr echt oder nicht. Bis auf einmal wenn Bruder Peter mir einen registrierten Brief geschickt mit der Banknot of 411 Dollar und 20 Cents für mein Erbteil, so werde ich mich herzlich bedanken vor ihrer Arbeit und das ich mein Erbteil richtig erhalten habe. Wie stet es vom Bruder Nikola wer ist nun der Vormund über ihn, weil er ist doch nicht selbständig und das Erbteil in Empfang zu nehmen weil die Kinder alle klein sind, so schreiben sie mir doch viel neues aus der Nachbarschaft.
So schließe ich diese paar Worte in der Hoffnung das sie aller Gesund sind, verbleibe ich dir
Dankbarer ,Ihr Schwan

G. I. Ge.

St. JOSEPH'S HOSPITAL,

(1)

Joliet, Ill. am 16ten Dezember 1888

Lieber Onkel u. Tante!

Beim Schlusse des Alten und Beginne des neuen Jahres gedenke ich wieder ganz besonders Eurer, lieber Onkel u. Tante. Ihr müßt nicht denken, daß, weil ich Euch noch nie geschrieben, ich Euch, lieber Onkel und Tante ganz vergessen hätte, nein das ist nicht der Fall. Ich habe immer gedacht, die Briefe, welche ich an meine lieben Eltern schreibe, würden auch Ihr lesen u. das wäre genug. Zwar sind wir leiblich durch ein großes Wasser schon weit von einander geschieden, so doch nicht geistig, denn wie ich hoffe, werdet Ihr, lieber Onkel und Tante, uns in Eure Gebete nicht ausgeschlossen haben, was ja das hauptsächlichste ist, wodurch wir uns mehr allein einander helfen u. unsere Liebe gegen einander zeigen können. Wir thun auch unser möglichstes u. haben noch jeden Tag für Euch gebetet

Lieber Onkel und Tante, Entschlüße des alten und Beginn des neuen Jahres gedenke ich wieder ganz besonders euer lieber Onkel und Tante, ihr müsst nicht denken, das weil ich euch noch nie geschrieben habe ich euch lieber Onkel und Tante vergessen hätte. Es ist nicht der Fall,ich habe immer gedacht, die Briefe welche ich an meine lieben Eltern schreibe würden auch ihr lesen. Und das wäre genug. Zwar sind wir leiblich durch ein großes Wasser sehr weit voneinander geschieden so doch nicht geistig, denn wir hoffen wie ich hoffe, werdet ihr lieber Onkel und Tante uns im Gebete nicht ausgeschlossen haben. Was ja das hauptsächlichste ist, wodurch wir nur mehr allein einander helfen, und unsere Liebe gegeneinander zeigen können.
Wir tun auch unser möglichstes und haben noch jeden Tag für euch gebetet.

(2)

wollen wir auch fernerhin [illegible] befinden in dem Jahre, das uns jetzt so nahe bevorsteht.

Dann wünsche ich Euch, lieber Onkel und Tante, und allen andern, daß der liebe Gott Sie noch [illegible] im Alter, auch wieder im neuen Jahre gesund u. munter erhalte, daß Ihr, lieber Onkel und Tante, noch [illegible] so frisch u. [illegible] Stunde in Mitte Eurer lieben Kinder genießen möget. Doch wollen wir das Alte nicht beschließen, ohne noch dem lieben Gott noch einmal zu danken, für die vielen Gnaden u. Wohltaten, die Er uns im vergangenen Jahre [illegible] hat. Ich mögte das letzte Jahr vielleicht als ein unglückliches betrachten, weil der Mathias fort ist und die Ihren noch bei den Soldaten, ich habe mich auch sehr erstaunt, als ich hörte daß der Mathias noch krank ist, Doch sorget Ihr nicht, lieber Onkel u. Tante, denn [illegible] auf dem Wege des Kreuzes und der Mühsal begleitet werden wie unser Heiland, [illegible] selig und können in den Himmel gelangen. Und das ist ja auch das größte Kreuz noch nicht, denn Sie sind wie ich hoffe noch Alle gesund, welches ja ein großes Glück ist, für die Familie, denn wie mancher Vater u. manche Mutter sind mit vielen Schmerzen von ihren Geliebten geschieden, weil der Herr sie zu sich [illegible] in das Himmel[illegible].

Blatt 2

Wollen es auch ferner hin tun , besonders in dem Jahr das uns jetzt nahe bevorsteht.
Dann wünsche ich euch lieber Onkel und Tante und allen anderen,das der liebe Gott so wie ich hoffe im alten auch wieder im neuen Jahr gesund und munter erhalte ,das ihr lieber Onkel und Tante noch manche frohe und friedsame Stunde in mitten eurer lieben Kinder genießen möget, doch wollen wir das alte nicht beschließen ohne vorher dem lieben Gott einmal zu danken für die vielen Gnaden und Wohltaten die er uns das ganze Jahr hindurch erwiesen hat.
Ihr mögt das letzte Jahr vielleicht als ein unglückliches betrachten,weil der Matthias fort ist und der Johann noch bei den Soldaten . Ich habe mich auch sehr erstaunt, als ich hörte das der Matthias nach Amerika ist. Jedoch verzaget ihr nur nicht lieber Onkel und Tante denn nur auf dem Wege des Kreuzes und der Mühseligkeiten werden wir unserem Heiland ähnlich und können in den Himmel gelangen. Und das ist ja auch das größte Kreuz noch nicht, denn ihr seid wie ich hoffe noch alle gesund welches ja ein großes Glück ist für die Familie,denn wie mancher Vater und manche Mutter sind mit vielen Schmerzen von ihren Geliebten geschieden weil der Herr sie gerufen , und das himmlische

(3,

Vaterland. Darum wollen wir das neue Jahr wieder
mit frischem Muthe u. neuem Fleiß beginnen und
den lieben Gott um seinen Segen bitten. Nun will
ich Euch auch einmal mittheilen, wie es in Amerika
und im Kloster ist, welches Euch Alle gewiß freuen
wird. Im Allgemeinen, ausgenommen die schlechte
welche auch in Deutschland hat, sind die Leute hier
sehr gut u. freigebig u. thun viel für unser
Hospital. Ich war jetzt zwei Tage mit der lieben
Sr. Theresia in der Stadt kolektiren, da hab
ich mich sehr gewundert, daß die Leute so ein mitleidiges Gefühl für die Armen u. Kranken hatten.
Die Meisten haben einen Thaler gegeben, das
war schon das Geringste, denn es waren aber einige da
bei welchen 5, 10 bis 20 Thaler auf einmal gegeben
haben. Es ist zwar noch nicht alles so bebaut und
eingerichtet wie in Deutschland, aber die Leute
sind immer daran, es zu verbessern. Wir haben
ein sehr schönes u. großes Mutterhaus, es ist
nämlich es zu klein war, größer gebaut worden,
haben jetzt im ganzen wenn alle beisammen
wären, 25 Jungfrauen u. 30 Novizen,
das ist kein zu viel; denn Ihr könnt Euch denken
ein großes Hospital mit Kranken u. Armen,
die vielen Kranken, welche die Schwestern draußen,

Blatt 3

Vaterland , darum wollen wir das neue Jahr wieder mit frischem Mute und Fleiß beginnen und den lieben Gott um seinen Segen bitten.
Nun will ich euch auch einmal mitteilen wie es in Amerika und im Kloster ist, welches euch alle gewiss freuen wird.

Im Allgemeinen, ausgenommen die schlechten welches auch in Deutschland hat, sind die Leute hier sehr gut und freigiebig und tun vieles für unser Hospital. Ich war jetzt 2 Tage mit der lieben ehrwürdigen Schwester Lioba hier in der Stadt kollekten, da hab ich mich sehr gewundert, das die Leute so ein mitleidiges Gefühl für die armen und kranken hatten, die meisten haben einen Taler gegeben, das war fast das geringste, dann waren aber einige dabei welche 5 bis 20 Taler auf einmal gegeben haben. Es ist zwar auch nicht alles so bebaut und eingerichtet wie in Deutschland , aber die Leute sind immer daran es zu verbessern. Wir haben ein sehr schönes und großes Mutterhaus, es ist weil es so klein war größer gebaut worden, habe jetzt im ganzen wenn alle beisammen wären 25 Jungfrauen und 30 Novizen, doch keines zuviel. Denn ihr könnt euch denken ein großes Hospital mit Kranken und Armen ,die vielen Kranken welche die Schwestern draußen in den Hütten u. auf dem Lande gepflegt u. die armen Verlassenen werden hier in den Schulen u. in einem so großen Hause ist auch sonst genug Arbeit. Die Nahrung ist hier auch wie in Deutschland, wir essen jeden Tag, ausgenommen Freitags u. Samstags Fleisch, dreimal Fleisch haben jeden Tag zweimal, Mittag und Abend Rekreation und freie Zeit, wo es sehr lustig zugeht. Ich bin noch sehr gesund, glücklich u. zufrieden, möchte um keinen Preis mehr nach Deutschland zurück und wünsche auch jemand der ist glücklich und zufrieden hier. Denn alles was wir haben sucht uns mittel, haben unseren Bräutigam immer in der Nähe, leben mit einer ganzen Schaar von frommen Schwestern und unseren lieben Oberen, welche zu jeder Zeit bereit sind uns zu helfen u. mit Liebe beizustehen.

Indem ich noch einmal alle Glück- u. Segenswünsche wiederhole, mit der nochmaligen Bitte um Ihr Gebet und mit der Hoffnung, daß dieser Brief Euch Alle so gesund und wohlgemuth antrifft, wie er mich verläßt, verbleibe ich im Herzen Jesu u. Mariä Ihre dankbare

Nichte, Schw. M. Theodora

Tochter von [illegible]

(A)

Blatt 4

in den Städten und auf dem Lande pflegen und die vielen Felialen wo die Schwestern in der Schule lehren, und in einem so großen Hause ist auch sonst genug Arbeit. Die Nahrung ist hier auch wie in Deutschland, wir essen jeden Tag ausgenommen Freitag und Samstag nicht 3 mal Fleisch, haben jeden Tag 2 mal am Mittag und am Abend Rekreation und freie Zeit wo es sehr lustig zugeht.
Ich bin noch sehr gesund, glücklich und zufrieden möchte um keinen Preis mehr nach Deutschland zurück. Und wie könnte auch jemand hier nicht glücklich und zufrieden sein.
Denn alles was wir haben ruht im Tabernakel haben unsere Bräutigam immer in der Nähe. Lebe in einer ganzen Schar von frommen Schwestern und unser ehrwürdigen Oberin, welche zu jeder Zeit bereit sind uns zu helfen, und mit Liebe beizustehen.
Indem ich noch einmal alle Glück und Segenswünsche wiederhole, mit der nachmaligen Bitte um euer freundliches Gebet und mit der Hoffnung das dieser Brief euch alle so gesund und wohlgemut antrifft wie er mich verlässt. Verbleibe ich im Herzen Jesu und Maria eure ergebene Nichte ,Schwester

M.Theodora

Die besten Grüße von unseren lieben und ehrwürdigen Oberin und allen lieben ehrwürdigen Schwestern, viele Grü'ße an meiner Eltern und Geschwistern

Meischfeld den 24 September 1906
Liebe Verwante ich wollte eüch dies
verschreiben und eüch zu wissen thün
daß wir noch alle gesünd sind ünd
hoffen daß mein schreiben eüch
bei güter gesündheit antreffen
werd ich habe eüch geschrieben wie
mein Mann gestorben ist ünd g
bisher nichts ünd habe noch kein
antwort bekommen. liebe Kusine
schreib bald. mein Vater ünd gro
s mütter lebe ünd Onkel Philipp ünd
und alle andern Verwandten noch
gesünd sind. mein Mann sein
noch Kinzigs. ünd mein Brüder
Johann ist auch gestorben. ich bin
noch immer in Meischfeld

Morrisdale , den 24. September 1901

Liebe Verwandte, ich will die Feder ergreifen und euch zu wissen tun,daß wir noch alle gesund und hoffen, daß mein Schreiben euch bei bester Gesundheit antreffen werde. Ich habe euch geschrieben, daß mein Mann gestorben ist und vor 3 Briefen danach, und habe noch keine Antwort bekommen. Liebe Kousinen schreibt ob mein Petter und God noch lebe und Onkel Schwan und alle anderen Verwandten noch gesund sind. Mein Mann vor noch keinem Jahr und mein Bruder Johann ist auch gestorben.

Ich bin noch immer in Morrisdale

[illegible] den Winter über ich habe Arbeit
arbeiten. es wird sehr schlecht gearbeitet und ist alles sehr theu-
er die Kartoffeln sind 60 Pf. und
1 Thaler, der Hafer und die [illegible]
[illegible] vierzigjährig und wohnen 5 Stund-
en weiter nach Liebenwerda
schickt mir die Adresse wo die
2 Cousinen Katharina Schr[illegible]
und Margaretha [illegible] Klopfe
sind. ich habe schon so oft gebeten
bitte die Adresse von meinem Onkel
in Kissingen in Amerika was
es möglich ist schickt mir ich
möchte ihnen ein mal schreiben
können, denn ich bin sehr [illegible]
[illegible] gesagt [illegible] Johannes
[illegible] sollte mir [illegible]

Blatt 2

mit den Kindern, ich habe 2 Knaben am arbeiten.
Es wird sehr schlecht mit der Arbeit und ist alles sehr teuer.
Die Kartoffeln 60 Pfund ,1 Taler.
Der Vater und die Mutter sind noch gesund und wohnen 5 Stunden von uns weg.

Liebe Verwandte schicket mir die Adress wo die 2 Kousinen von Katarina Schwan und Margaretha Braun die im Kloster sind. Ich habe schon so oft gebeten für die Adresse von meinen anderen Kousinen, wenn es möglich ist, daß ich ihnen schreiben könnte, denn ich bin froh etwas zu hören. Sagt dem Johann in der Pöll er solle mir einen schicken.

Liebe Schwägerin ... dem Werth
ist der aber auch nicht weiß daß
ich ihr das Geld geschickt habe
und weiß daß sie sich bedankt hat
den Kindern noch muß dem Monat 4½ Thaler Kostgeld bezahlen
der älteste Knabe ist gar, oder 2 Knab-
en noch ganz weit ist 14 jahre alt
2 Knaben sind 11 jahre und das Mädchen ist 5 jahre alt. Ich bitte
vielmal schreibt mir bald wieder weil
denn ich bin sehr ...
... aufgehört Nun will
ich mein schreiben beschließen
und euch alle herzlich grüßend
mit gruß deine aufrichtige Freunde

Blatt 3

Liebe Kousinen sagt dem Mathias, ob er auch noch weis, daß ich ihm das Geld geschickt habe.

Er weis, daß ich es brauch mit den Kindern. Ich muß den Monat viereinhalb Taler Hauszins bezahlen.
Der älteste Knabe ist groß , die anderen 2 Knaben noch jung, er ist 14 Jahre alt, der andere ist 11 Jahre, und das Mädchen 5.

Liebe Verwandten schreibt mir bald Antwort, denn ich bin sehr vorwitzig, etwas von euch zu hören.
Nun will ich mein Schreiben schließen und euch alle tausendmal Grüßen.
Viele tausend

grüßet von meinen Kindern (5)
liebe Schwester grüße mir alle
Geschwister und alle Verwandte
und Bekannte ich wünschte mich
noch einmal [illegible] Sie noch zu
sehen [illegible]
besuchen ich [illegible] vergelt
[illegible] der Freunde
[illegible]
[illegible] nur meine Kinder
[illegible]
Küssen Elisabetha [illegible]

Blatt 4

Grüßen von meinen Kindern. Viele Extra-Grüße für alle Geschwister und alle Verwandten und Bekannten.
Ich wünschte ,mir nur 2 Tage lang bei euch zu sein, denn ich sitze in der fremden Welt, habe keinen Menschen, kein Verwandten außer mir und meinen Kindern.
Bald Antwort

Eure traurige Kousine
Elisabetha Hommes

Wenn Sie diese Briefe nun gelesen haben, sind Sie wie ich wahrscheinlich sehr begeistert.
Meine Augen jedenfalls lösten sich erst von diesen Briefen, als ich sie vollständig übersetzt und gelesen hatte. Ein kleines Bild von den damaligen Verhältnissen, der Lebensart konnten sie hoffentlich vermitteln. Interessant fand ich auch die Grammatik und Satzauslegung der damaligen Zeit, wer kann schon von sich behaupten einen Brief von 1885 bis 1901 gelesen zuhaben.

Ich denke dies ist ein kleiner Schatz, der für immer festgehalten werden sollte. Mein Interesse war jedenfalls unerschöpflich, als ich mich auch nach alten Zeitungen dieser Zeit umsah. Ich muß sagen, daß ich bei der Recherche sehr viel dazu gelernt habe.

Sehr erstaunt war ich ebenfalls über die frechen Sätze, die teilweise auch eine beleidigende Aussage in den Landeszeitungen zeigten. So wie der Ausdrucksstil damals war. Solche Sätze sind heute undenkbar. Es bereitete großes Vergnügen diese zu lesen.

Während meiner Recherche ergaben sich viele interessante Geschichten. Natürlich stecken dort Schicksale dahinter, die sehr bewegend sein können.

Zunächst gab es da einen Onkel meines Mannes, das heißt, man nennt ihn wohl Großonkel. Von diesem Verwandtenteil erfuhr ich erst nach ein paar Jahren meiner Ehe. Von ihm hieß es, er sei nach Australien ausgewandert.
Da Australien mein absolutes Traumland ist, spitzte ich meine Ohren und versuchte so viel wie möglich über diesen Onkel zu erfahren. Ich fragte mich, wie ist es ihm wohl ergangen war, was bewegte ihn zu diesem Schritt auszuwandern?

Grundsätzlich interessierte mich das Thema „Auswandern“ schon seit meiner Jugend. Dabei denke ich an die damalige Clique, mit der wir oft zusammensaßen und Pläne der Zukunft schmiedeten. Es waren halt Träume. Wir malten uns aus, einen Platz im Postflieger anzumieten, welche damals die billigste Variante darstellte, und ruckzuck nach Australien auszuwandern. Damals so naiv wie man war, dachte doch keiner an die Bürokratie, die noch erledigt werden muß. So ist es eben, Jugendliche denken „Achtung ich komme, mir gehört die Welt, aber wehe man bekommt sie nicht“

Ich denke ich spreche da vielen geplagten Eltern aus dem Herzen. So war es eben, mit den Schwärmereien.

Diese Spinnereien verschlugen sich, als wir eben in Berufsleben einstiegen. So verging die Zeit, und es tat sich nichts mehr mit der Auswanderung.
Aber ich bin froh, daß es anders kam, denn sonst hätte ich wohl kaum einen so lieben Sohn und dazu noch einen wunderbaren Ehemann.

Ab und an kam dieses Thema in unserer Familie vor. Es war mein Bruder Lothar, der des öfteren bei mir saß, und davon schwärmte, einmal nach Griechenland auszuwandern.

Sein Anstreben war es, einen Campingplatz zu gründen, um dort im sonnigen Süden sein Leben zu genießen. Er wollte noch höchstens 5 Jahre arbeiten, damit er genügend finanzielle Grundlage hat. Er dachte sich, eine Beförderung in seiner Firma nutzt er noch aus, um etwas schneller an sein Ziel zu gelangen. Dabei hatte er nur die Arbeit im Kopf.
Doch seine Gesundheit, ließ ihn nach und nach im Stich. Den Tag der Beförderungsfeier konnte er noch so richtig genießen, und er freute sich unwahrscheinlich. Doch dieser glückliche Moment seines Lebens dauerte nur ein paar Stunden. In der folgenden Nacht starb er an einem Schlaganfall.

Es kam eine traurige Zeit für die ganze Familie, denn er war gerade mal 38 Jahre alt geworden. Nach diesem schlimmen Ereignis war nichts mehr wie es vorher war. Ich verlor meinen besten Freund , Bruder und sogar Lebensretter, den ich nun überlebt habe. Niemals werde ich ihm vergessen, daß er mich einmal aus einem brennenden Haus rettete. Er war immer hilfsbereit und korrekt.

An dieser Stelle möchte ich ihm gedenken und vor aller Welt danken. Das nehme ich auch zum Anlaß, und widme dieses Buch meinem liebsten Bruder Lothar.

Auf jeden Fall lernte ich daraus, „tue das was Spaß macht, genieße dein Leben und bleibe deinen Zielen treu"

Doch kommen wir zurück zum Großonkel meines Mannes,Simon Geilings

Es schrieb das Jahr 1954.
Ein Jahr als die Reiselust der Deutschen ausbrach.
Es beginnt die Zeit des Wohlstandes in Deutschland und die Reiselust hat nun keine wesentlichen Beschränkungen mehr. Infolge des Exportüberschußes und der positiven Devisenbilanz gibt das Bundeskabinett jedem Bürger einen Gegenwert von 1500 DM in einer beliebigen Währung zum Umtausch frei.

Am 25. Mai wurde der Visumzwang für Deutsche aufgehoben. Nun sind 13 Länder mit ihren Grenzen offen. Jedoch nur 21 Prozent der Bevölkerung besitzen einen Reisepaß, und nur wenige nutzen dieses Angebot. Das beliebteste Reiseziel war damals Italien und bereits an dritter Stelle lag die USA. Daher ist es verständlich, daß sich bei vielen Menschen das Fernweh einsetzte.
Die Ferne ruft.
Vor allem bei den Jüngeren überwiegt die Neugier auf fremde Länder. So wird es wohl auch bei Simon gewesen sein. Lassen Sie sich nun auf eine interessante Reise entführen, die uns Simon schildert.

Das Land Australien ist sehr interessant und vielfältig. Ich möchte es Ihnen aber nicht nehmen, ein paar wissenswerte Dinge über dieses Land zu erfahren, in das Familie Simon Geilings emigrierte.

Seit Jahrmillionen modellieren Wasser, Wind und Sand die Küsten im Süden des Bundesstaates Victoria. Die Felssäulen gehören zum Ensemble der „Zwölf Apostel“, einem der zahllosen Landschafts-Szenarien, die Australien zum Schaufenster der Erdgeschichte machen.

„Kata Tjuta“ viele Köpfe, nennen die Aborigines die aus dem Sandsteinfundament aufregenden Buckel. „ The Olgas“ taufte sie 1873 ihr Entdecker Ernest Giles.

Im Februar 1992 kam der große Regen. Die Sintflut spülte den Darling River durch und verhinderte den Ausbruch von Bränden in weiten Gebieten des knüppeltrockenen Buschlandes. Zehn Jahre zuvor hatten Feuersbrünste ab Mitte Februar in Victoria und Süd-Australien 92 Menschen und tausende von Tieren das Leben gekostet.
3000 Häuser wurden zerstört und 8000 Menschen obdachlos gemacht.
Gerade diese Ecke Australiens ist gebeutelt durch Naturkatastrophen.
Australien und Neuseeland trennten sich ,nach neuesten Erkenntnissen, vor 100 Millionen Jahren von der Arktis und begannen ihre Reise nach Norden.
Als 10 Millionen Jahre später Neuseeland von Australien schied und die Korallen- und die Tasman –See entstanden, wurde auch der Ostrand Australiens angehoben, die „Great Dividing Range“ aufgeworfen.
Vor und während dieser langen geologischen Reise wurde die heutige Landmasse Australiens geformt. Vor über 200 Millionen Jahren, als sie noch im Innern Pangaeas eingebettet war, bestand Australien aus zwei gigantischen, durch seichtes Meer getrennte Inseln.
Ein riesiger Süßwassersee ,den „Lake Walloon“ prägte die Landschaft fünf Millionen Jahre lang.
Jahrmillionenlang ebneten die Wasserfluten wie ein geologischer Hobel die australischen Landmassen.Erhebungen verwitterten,Sedimente füllten Senken.

Das zurückweichende Wasser hinterließ den heutigen Reichtum an Bodenschätzen.
Durch die starken Luftverschmutzungen entstand der berühmt berüchtigte „El Nino. Der ist für das warme Oberflächenwasser auf den Meeren verantwortlich.
Er überlagert dann das Tiefenwasser vor der südamerikanischen Küste, es kommt zu starken Niederschlägen auf dem amerikanischen Kontinent, während das Hoch über Nordaustralien seinerseits den Zustrom feuchter Meeresluft verhindert. Darum bilden sich kaum Wolken. Es bricht also eine Dürre über Queensland und das nördliche Territorium herein.Es entsehen viele selbstentsündete Brände.
Der Zyklus natürlicher Katastrophen gehört zum Lebensrythmus Australiens, ist ständige Erinnerung and die Tage, Millionen Jahre zurück, als ein Teil der Erdkruste zu wandern begann, oder wie die Australier sagen „went walkabout“.

Auch in Melbourne kennt man das Motto „ Let´s take ist easy“ Man nimmt das Leben leicht und sich selbst nicht so ernst.
Das ist wohl noch auf die Strafkolonien zurück zu führen.Obwohl Melbourne immer auf dem Standpunkt stand: Wir wollen keine Strafgefangenen als Siedler.
Es ging in den frühen Jahren soweit, dass sie des Landes verwiesen wurden.Selbst Schiffe wurden mit halbtoten Menschen zurückgeschickt.
Vielleicht ist ihnen ja auch schon etwas von dem australischen Rassizismus zu Ohren gekommen, von der 1974 aufgehobenen restriktiven „weißen“ Einwanderungsgesetzgebung, und jetzt frisch aus dem alten Europa eingetroffen.
Aber wir müssen alle zugeben,daß Australien auf dem Weg zu einer multikulturellen Gesellschaft wird. Beeindruckend ist auch die Gastfreundlichkeit bei den Einheimischen. Das sind jedenfalls die ersten direkten Erfahrungen. Die ersten Einwohner gab es schon vor 40 000 Jahren, die Aborigines. Trotzdem ist für den Australier das 19. Jahrhundert schon sehr alt.

In Sydney und erst recht in Melbourne stehen ganze Straßenzüge viktorianischer Häuser, unberührt von Kriegen. Man fühlt sich sofort heimisch, weil es ein Bild der Unschuld vermittelt. Doch leider darf man bei aller Schönheit nicht vergessen, daß dieses Stück Land auf einem Areal von Konzentrationslagern gebaut ist,wo Völkermord an der Tagesordnung stand.
Es läßt sich einfach nicht nachvollziehen,daß die Bewohner, alteinsässig die Nachkommen von Strafgefangenen sind.Viele von Ihnen wurden aus Großbritanien verbannt.Und trotz dieser Tatsache geben sich die Einwohner
Aufgeschlossen, tolerant und kollektiv. Oder ist es gerade deshalb.
Ich kann mir nicht vorstellen, daß kein bleibendes Band zwischen den Kindern der Hölle und unserer Vergangenheit der Düsternis besteht.

Der Australier behauptet gerne von sich, er sei wiedergeboren aus dem Blut der Grausamkeit,neugeboren in ein lächelndes unbeschwertes Leben.
Der Australier hat außerdem einen sehr großen Sinn für Ironie.

Noch heute im 20. Jahrhundert fragen sich die Australier :
Haben wir die Abkömmlinge des kolonialen Australien den Koori(so nennen sie die Aboriginals) eine faire Chance gegeben?. Dann hört man schon die Antwort: Natürlich nicht.Darunter leiden die Ureinwohner noch heute.
„Terra nullius“ nannten die Briten dieses Land, ein Land das niemandem gehörte.
Die Ureinwohner waren keine Menschen für sie.

1914 Auf der Victoria- Park-Rennbahn

.

Der Pilot Bleriot-Eindeckers war der erste der Post von Melbourne nach Sydney
transportierte.
1902 hatten die schwarzen Bürger keine Rechte und wurden in Ketten gelegt.

Um diese Zeit herum begann der große Lockruf des Goldes, viele Menschen verließen ihre Heimatorte und zogen in Richtung Westen.
Alle Europäer werden dort auch als Preußen bezeichnet. Oft wird ironisch das Sprichwort angegeben:“ Wo ein Wille ist,ist auch ein Weg“

Viele Aboriginals malen noch heute kleine viereckige Kästen in den Sand, und nur wenige wissen was sie bedeuten.
Es heißt, es sei ein Steinhaus inmitten ihres Landes.Weil jedes Stück Wildnis zwischen den Ureinwohnern aufgeteilt sei, können sie nicht verstehen, daß die Europäer das nicht

verstehen. Soviel kann ein Viereck im Sand bedeuten. Das ist schon beeindruckend.

In vielen Jahrtausenden hatten die Eingeborenen alles daran gesetzt, um das Land in dem Zustand zu bewahren,in dem sie es vorfanden. Dafür träufeln sie symbolisch ihr eigenes Blut in den Sand, um angerichtete Schäden wieder Gut zu machen.
Das Land der Eingeborenen wurde auch das „Never Never" genannt, bis es später in Outback umgetauft wurde.Obwohl das Outback nur das nähere Ausserhalb darstellen soll.

Nun möchte ich auf den Einwanderer, Simon Geilings zu sprechen kommen.
Ich besuchte ihn als er seine Verwandtschaft in den Niederlanden traf.

Die Schrecken des Krieges und seine Folgen trieben viele Menschen dazu, auszuwandern. Sie erhofften sich in der Ferne eine bessere Zukunft. Dieser Traum wurde auch für Simon Geilings wahr. Sein Ziel war Australien.

Auf meine Frage hin, wann genau er ausgewandert ist, antwortete er:

Wir wanderten am 28. Januar 1955, es war sehr kaltes Wetter, und wir sind am 3. März in Melbourne angekommen. Es waren lange Tage auf See.

Man kann sagen,daß wir eigentlich geordnete Verhältnisse hatten. Wir nagten nicht unbedingt am Hungertuch. Aber mich zog es magisch in die Ferne.
Eigentlich hatte ich damals eine gute Arbeit, ich war Quartiermeister bei der Marine.
Ich hatte damals eine gute Arbeitsstelle, und auch die Versicherung fürs spätere Leben.
Damals wurde der Lohn wöchentlich ausgezahlt.

Auch mein Vater kam über die Runden.
Er nahm jegliche Arbeiten an. Verschiedene Arbeiten wie in der Fabrik.
Er war auf dem Bauernhof zu der Zeit beschäftigt ,als wir damals weggingen.
Ja, da waren wir noch in dem Dorf.

Immerwieder dachten wir, das kann doch nicht alles gewesen sein. Wir hatten schon lange den Gedanken auszuwandern, aber meine Frau hatte einen Bruder in Amerika und einen in Australien. Und so informierten wir uns noch über beide Kontinente.

Dann merkten wir sehr schnell, daß Australien für uns besser geeignet ist.
Und so entschieden wir uns für Australien.

Wie fühlten Sie sich bei dem Gedanken, Ihre Familie zurückzulassen?

Eigentlich fühlten wir uns gut dabei, der andere Bruder meiner Frau, der war bereits schon nach Australien ausgewandert, und so hatten wir bereits eine kleine Familie in Australien, die wir treffen konnten.Das fiel uns dann nicht so schwer. Damals bestand die Möglichkeit, erst einmal für 2 Jahre nach Australien zu gehen, falls es uns dort nicht gefiel, hätten wir ohne weiteres wieder zurückgehen können. Ein bisschen hatten wir uns dahingehend schon abgesichert.Immerhin ist es ein schwerwiegender Schritt.

Als wir in Australien ankamen, bekamen wir sogar Hilfe vom Staat, die bestätigten uns auch die 2 -Jahresfrist.
Ja, wir haben sogar Hilfe bekommen, um uns dort ersteinmal so anzupassen,daß wir uns
ein Leben aufbauen konnten.

Wir waren eigentlich beide zu alt, ich war schon 36 Jahre alt, um eine entgültige Erlaubnis für eine Einwanderung von den australischen Behörde zu bekommen.Auch weil wir keine Kinder hatten, wurde dies nicht so gerne gesehen. Doch wir fühlten uns jung genug um das alles durchzustehen.
Die Zukunft damals in Holland war eigentlich schon gut, aber wir hatten uns doch entschieden, nach Australien zu gehen. In Holland war alles so klein und so planten wir die Auswanderung.
Ich hatte damals meine letzte Fahrt bei der Marine. Danach ging ich nach Rotterdam zurück und wurde dort Lotse.

Ich hatte das Glück meine Pension von der Marine monatlich ausgezahlt zu bekommen.Das half uns dann später sehr viel bei der Überbrückung zum nächsten Job.
Die letzte Reise , in Holland, führte mich nach Hamburg, als ich damals im Juni bei der Marine anfing, war das Schiff auf dem ich diente, schon 40 Jahre alt.Und die dienende Besatzung wurde abgeschafft. Durch die vielen Zerstörungen des 2. Weltkrieges, war der Dienst so, daß wir 14 Tage unseren Dienst verrichteten und dann 14 Tage wieder nach Hause konnten.

Das machte meiner Frau auch sehr zu schaffen. Sie fühlte sich oft alleine.
In der ersten Zeit hatte sie ja keine Kinder zu versorgen.Sie war auch nur Hausfrau.

Wir sind damals mit dem Schiff "Sibar „von niederländischen Leuten nach Australien gefahren, es fuhr nur 16 Meilen schnell.
Wir waren 6 Wochen unterwegs, es war eigentlich eine sehr schöne Fahrt. Wir hatten genug zu essen und zu trinken. Ich selbst war das Seefahren gewöhnt, aber meine Frau nicht so. Sie wurde trotzdem nicht seekrank.

Wir mußten viele geliebte Dinge zurücklassen. Auf dem Schiff gab es ja auch nur begrenzten Platz.Es war alles sehr eng.

So durften wir jeder 1 Kiste von 2 Kubikmetern Größe mitnehmen.
Es hängte davon ab , wie groß die Familie war,
die weggezogen sind. Und so hat man nur die wichtigsten Sachen mitgenommen.
Eines muß ich Ihnen erzählen, worauf ich stolz bin, mein Fahrrad hab ich wohl mitgenommen,
ja das haben wir später auch sehr gebraucht.

Das Schiff war nur mit Auswanderern besetzt.

Eines fand ich besonders schön. Wir haben sehr viele Menschen dort kennengelernt. Daraus sind einige sehr gute Freundschaften entstanden.
. Heute haben wir beide noch eine Freundin, mit der ich zwei mal in der Woche schwimmen gehe.
Sie kommt ursprünglich aus dem Sudan.
Und viele andere Leute, die damals mit auf dem Schiff waren , sind leider schon gestorben.
Aber die eine Freundin von damals ,die mit dem gleichen Schiff fuhr, mit dieser pflegen wir eine wunderbare Freundschaft.

Um auf die Reise zurückzukommen, da kann ich ich folgendes berichten.
Zuerst kamen wir in Perth an, und mußten erst einmal durch die Zollkontrolle.
Eine Woche brauchten wir dann noch um nach Melbourne zu kommen.
Wir hatten sogar noch das gleiche Schiff erwischt bis dorthin, es ging natürlich über den Seeweg.
Wenn man ankommt muß man zuerst durch die Zollkontrolle, das dauerte dann noch eine ganze Woche.Die Kontrollen waren sehr streng. Dann wurden alle Kisten und Fahrzeuge und überhaupt alles was sich auf dem Schiff befand, erst einmal gründlich desinfiziert.

Gerade fällt mir noch ein Erlebnis ein.
Ja, das Schönste war, daß wir beide eine Kabine zusammen hatten.
Die meisten Leute mußten sich einen riesigen Raum teilen. Männer waren separat, Frauen waren mit ihren Kindern separat im Schiffsrumpf untergebracht. Das fand ich überhaupt nicht schön, wie damals die Familien auseinandergerissen wurden. Diese

Menschen hatten leider das Pech,nicht so viel für ihre Überfahrt bezahlen zu können.Es erinnerte schon ein wenig an einen Gefangenentransport.
Doch wir hatten das große Glück eine Zwei- Mannkabine zu bekommen.
Man braucht doch schon ein bisschen Privatsphäre, und wir haben wirklich Glück gehabt.Wenn das kein Omen war?
Es war zwar kein Luxus,die Kabinen war sehr mager ausgestattet, aber es war schön.

Wir hatten auch das große Glück, von meinem Schwager vom Hafen abgeholt zu werden.
Die meisten Leute mußten noch 1 Nacht übernachten, in einem Imigranten- Camp.Doch wir hatten noch eine Fahrt von 8 Stunden mit der Bahn vor uns.
Wir kamen auch ziemlich dicht an den Bergen vorbei. Von Holland aus sprachen wir uns mit dem Schwager ab, daß er uns abhole vom Hafen, und er bot uns sogar an,bei ihm zu wohnen die erste Zeit.
Dort durften wir 3 Wochen übernachten, so war es besprochen.
Er trat uns seine Garage ab, und dadurch ,daß wir uns nichts anmieten mußten, konnten wir schon eine Menge Geld sparen. So konnte ich etwas dazu verdienen, und wir hatten etwas Zeit uns umzusehen, was alles so los ist, in der neuen Heimat. Dieses Glück half uns natürlich ungemein einen anständigen Start in Australien zu bekommen.

Natürlich plagte uns unser Gewissen, daß wir unsere lieben Eltern zurücklassen mußten.

Meine Eltern waren natürlich nicht fröhlich, daß wir weggegangen sind, aber wir waren in dem Alter, wo man schon seinen eigenen Weg suchen muß. Eigentlich war es schwierig. Aber durch meine Arbeit, war ich sowieso viel weg. Und wenn man so viel unterwegs ist, dann hat man doch im Kopf, daß man ab und zu wieder die Eltern besucht.
Man lässt so doch schon seine ganze Familie hinter sich, und das muß man auch verkraften können.

Unser Schwager holte uns damals vom Schiff ab, danach sind wir mit dem Zug nach Geelong, zu der Zeit waren das eineinhalb Stunden Fahrt. Dort verweilten wir 4 Wochen, so dachten wir. Mein Schwager arbeitete damals in einem Büro einer großen Fabrik, die Traktoren herstellte, aber ich hatte jemand kennengelernt, der in einem Baggerunternehmen areitete, welches auf dem Meer tätig war.

Dort sollte ich Arbeit bekommen, aber dort gingen schwere Geräte kaputt, und so musste ich 2 Monate in einer Fabrik arbeiten. Das war mir dann aber auch egal.

Was mich heute ärgert, zu dem Zeitpunkt wußte ich nicht daß es genugArbeit bei Schell und verschiedenen Autoherstellern gab, aber leider ,ich hatte einen Vertrag mit der Fabrik. Und ich wußte, daß ich bei dem Baggerunternehmen anfangen konnte.
Ich habe die Arbeit angenommen bei der ich wußte, daß wir uns über Wasser halten konnten.

Erinnern kann ich mich noch, daß
zu der Zeit hauptsächlich viele Fachleute gesucht wurden, wie Klemptner und Bauarbeiter und Zimmermann.

Jeder der eine gute Ausbildung hatte, konnte sich in Australien niederlassen.
Zu der Zeit war es wohl ein bisschen leichter, weil es doch mehr Auswahl an Arbeitsstellen gab.

Das ist eigentlich genauso wie in Deutschland. Handwerker werden am meisten gesucht.
Es ist genau wie in Australien, jeder will studieren und das Handwerk bleibt dabei auf der Strecke.
Alle schwören auf ein Diplom, und wenn sie dann an die Arbeit wollen, dann ist es doch nicht so, wie sich es viele erträumt haben.
Und am Ende sind diese Studierten dann arbeitslos.
Das ist wie in der westlichen Welt.

War ihr Arbeitgeber behilflich bei der Wohnungssuche, oder mussten sie sich selbst etwas suchen?
Ja, wir mussten uns schon selber etwas suchen. Unser erster Wohnsitz bei meinem Schwager in der Garage, das war schon massiv aus Stein gebaut und wir hatten anständige Kleidung.
So war es für uns nicht so wichtig ein großes Haus zu haben, wir waren auch nur zu zweit.Aus abgemachten 4 Wochen wurden 4 Jahre die wir in der Garage gewohnt haben und billig muß ich sagen.
Wir kannten die Nachbarsleute am Anfang nicht, wir haben Bekanntschaften gemacht.
Doch wir lasen die Zeitungsanzeigen für Wohnungen und bewarben uns . Es war ja auch Zeit dafür.

Später bekam ich von dem Baggerunternehmen bei dem ich arbeitete eine Art Sozialwohnung zugewiesen. Dort wohnten wir auch lange, und dort sind auch unsere beiden Söhne aufgewachsen.
In diesen Wohnungen wurden die meisten Kinder von Auswanderern geboren.

Damals als unser erstes Kind geboren wurde, war ich zum Glück zuhause. Die Geburt unseres ersten Sohnes war nicht so einfach.3 Wochen hatten wir Schwierigkeiten, weil der Arzt die Schwangerschaft meiner Frau nicht so gut einschätzte. Aber wir hatten doch noch Glück, daß alles gut gegangen war.

Ihre Frau war doch damals auch viel alleine mit den Kindern?
Ja, aber in den ersten Jahren bin ich morgens früh weg, abends aber spät wieder nach Hause gekommen. Das war am Anfang natürlich gut.
Wir hatten damals auch schon gute Bekannte, wo man auch um Hilfe bitten konnte.
Meine Frau hat eigentlich die Kinder alleine großgezogen, erst recht in den letzten Jahren.

Können Sie sich noch an ein schönes Joberlebnis erinnern?
Da sind eigentlicht viele Sachen passiert, im moment fällt mir nichts dazu ein, vielleicht während des Gespräches.

Auf dem Schiff damals passierten natürlich schöne und schlechte Ereignisse.

Ich erinnere mich daran, daß meine Englishkenntnisse nicht so gut waren.Sie hören sicher auch daß ich heute noch einen starken holländischen Slang spreche.Aber
das war früher bei jedem Emigranten so. Man konnte wohl ein bisschen Englisch aber wir konnten uns ein bisschen mit Händen und Füßen durchschlagen. Von Zeit zu Zeit ging es immer besser.
Es war also nicht so, daß ich gleich schon ein perfektes Englisch sprechen konnte.
Es war damals auch nicht so nötig, weil ich mit vielen Holländern zusammen arbeitete.
Ich habe auch viele Geschichten mit nach Hause gebracht, die ich dann meiner Frau erzählte, wo wir dann auch immer viel Spaß miteinander hatten.(Leider wollte Simon uns keine davon erzählen)

Es ist doch so, es ist ein neues Land die Sprache ist schwierig, man hat eine neue Arbeit.
Da hat man schon mehr um die Ohren als zu Hause in Holland.
Wenn ich damals in der Farbrik hätte arbeiten müssen für alle Zeit, dann wäre ich nicht in Australien geblieben. Ich muß meine Freiheit haben. Die Arbeit in der Fabrik war eigentlich gut, doch man darf mich nicht einschließen. Ich bin ein freier Mensch, ich muß raus.
Ich muß draußen sein.Es ist nichts schlechtes in einer Fabrik zu arbeiten, aber es ist halt nichts für mich.

Wenn sie jetzt zurückdenken, wann war der Zeitpunkt, um zu sagen. Ach jetzt wäre es mal wieder schön wenn ich meine Eltern sehen könnte?

Eigentlich hatten wir nie Heimweh . Jedoch kenne ich viele Leute, die doch sehr viel damit zu tun hatten, aber durch das viele Schreiben waren wir doch immer auf dem Laufenden, was in der Heimat passierte. Als wir damals 1955 nach Australien gekommen sind, da kamen meinen Eltern 1972 auf Besuch. Ich hatte davor erst 3 Monate in Neuseeland gearbeitet.Als unser ältester Sohn etwas größer war, konnte meine Frau auch schon früher auf Besuch nach Holland gehen.Damals war der Sohn 4 Jahre alt. Meine Frau blieb ein halbes Jahr in Holland zu Besuch.
Für mich war das eine lange Zeit alleine, aber ich hatte gute Freunde die mich aufgefangen haben.
Ich war natürlich heilfroh, als sie wieder nach Australien kam.

Ja, meine Frau war 7 mal in Holland auf Besuch, und ich 6 mal.
Nun bin ich schon fast 80 Jahre alt, aber
ich zweifelte noch, soll ich fahren oder nicht, mit meinen fast 8 Jahren. Doch meine Söhne überredeten mich, wenn du nach Holland auf Besuch willst, dann mach es jetzt. Zuerst sollten es 6 Wochen werden, ich habe aber gesagt 3 Wochen , dann haben die Jungs gesagt: Mach dann 4 Wochen daraus.

Wir haben in Deutschland strenge Bestimmungen, um einen Führerschein zu machen. Wie sieht es in Australien damit aus?

Darüber kann ich garnicht soviel sagen. Ich bin damals erst einmal 7 Jahr lang mit dem Fahrrad gefahren. Ich war auch der einzige im Bekanntenkreis ,der keinen Führerschein hatte.

In Australien war es damals nicht ganz so streng, weil ja die Autowege noch garnicht den Stand hatten wie heute.Durch Entwicklung der Wirtschaftslage sind die Bestimmungen heute auch strenger. Meine Frau hatte zum Beispiel zweimal versucht den Führerschein zu machen, aber sie hatte es dann doch nicht geschafft. Sie hatte große Prüfungsangst.

Eigentlich war es auch nicht so dringend, daß sie ein Auto brauchte. Meine Frau strengte sich nicht so sehr dafür an, weil sie wußte, daß es doch nicht so dringend sei.
Die Verkehrsregeln sind genaus streng wie in Holland und Deutschland.
Es gab früher auch große Unterschiede, so war es auf dem Dorf leichter einen Führerschein zu machen, als in der Stadt. Das ist heute aber nicht mehr so.
Viele machten damals ihren Führerschein auf dem Dorf.

Kommen wir nocheinmal zurück auf das Thema Miete damals, wie teuer war diese?

Damals bezahlten wir nicht in Dollar, sondern in Pfund.Wir bezahlten 2Pfund und 10 Schilling Miete. In der Wohnung war nur ein Ofen ,der mit Holz geheizt wurde, und den Strom mussten wir separat bezahlen.Ich bekam damals Wochenlohn und arbeitete 40 Stunden, da verdiente ich 11 Pfund.Es war doch ein bisschen knapp mit dem Geld.
Jetzt zahle ich keine Miete mehr, wir haben dieses Haus gekauft.
Vor 40 Jahren musste man für 2 Zimmer 9 Dollar zahlen und da konnte man sich das nicht erlauben.
Vor 28 Jahren, 1972, bevor wir das Haus kauften, kamen ja meine Eltern zu Besuch.
Da sagte mir mein Vater: Simon kauf dir besser ein Haus, in der Zukunft werden die Häuser teurer."

Als meine Frau Geburtstag hatte, nachdem meine Eltern wieder weg waren, entschieden wir uns entgültig dazu, ein Haus zu kaufen.Das war so eine kleine Geburtstagsüberraschung für meine Frau.

Um zu sagen wie sonst noch die Preise bei verschiedenen Artikeln liegen,
das ist ein bisschen schwierig. Ich weis wohl noch, daß eine Flasche Bier so 22 Cent kostete,für eine große Flasche. Fleisch war sehr billig. Man holte auch große Stücke Fleisch.
Für 1 Pfund konnte man so viel Fleisch kaufen, daß man es fast nicht tragen konnte.
Die Milch weis ich noch ,kostete damals 1 Liter 2 oder 3 Cent.
Aber durch die Entwicklung der Wirtschaft ist alles wesentlich teurer geworden, man verdient natürlich auch mehr. Zu der Zeit kamen wir aber gut über die Runden.
Aber heute noch ist das Fleisch viel billiger als in Europa , das habe ich sofort bemerkt.
Wir essen hier überwiegend, Schaf,Hammel Lammfleisch.

Man sollte meinen, ich hätte schon viel Känguruh-Fleisch gegessen, aber ich habe es erst einmalprobiert. Denn wir sind noch ein bisschen altmodisch, wir haben zum Beispiel schon mal Kaninchen gegessen, das hat schon geschmeckt. Nur durch die Krankheit bei den Kaninchen, die Taxomentose, dadurch kauften wir nicht mehr dieses Fleisch. Es ist dann schon besser Lamm oder Hammel zu essen.

Ich weis durch Zufall, daß Ihr Hobby Ihr Garten ist, erwähnte ich bei diesem Interview.

Ich war aber so schlau, ich hatte das Unkraut stehen gelassen und die Blumen rausgerupft, weil ich nicht den Unterschied wußte. Jetzt bin ich aber schon soweit ,daß ich schon Gemüse von Blumen unterscheiden kann.

Damals konnte ich auch noch Gemüse einfrieren, wegen der Kinder, aber wir sind jetzt wieder zu zweit. Die großen Supermärkte dort, da kann man heute viele Sachen kaufen, die durch die Bevölkerung unter anderem auch durch die Italiener mit ins Land gebracht wurden. Die wir auch sehr gerne kaufen.Heutzutage lohnt es sich nicht mehr, diese Lebensmittel einzufrieren.
Unser Kühlschrank hat zwar noch ein Gefrierfach, aber unser Garten ist nicht dafür da, um davon zu leben.

Wir bezahlen zwar Grundbesitzabgaben , aber dafür benutzen wir unser Haus auch zum Wohnen.Wenn wir schon bei diesem Thema sind, möchte ich Ihnen erzählen ,daß es dabei noch große Unterschiede gibt. Es kommt sehr darauf an, ob man in der Stadt oder im Outback lebt.
Diese Steuern bezahlen wir einmal im Jahr.
Wir haben eine Pension und dadurch bekommen wir vom Staat eine extra Bonuszahlung , diese verwenden wir dann dafür.Man könnte sagen das ist so wie in Europa ,eine Art Steuervergütung.
Bei uns ist es auch üblich die gängigen Versicherungen zu haben, wie die Glasversicherung, Feuerversicherungen, halt die üblichen Absicherungen wie in Europa auch.

Eine extra Krankenversicherung ist nicht nötig.
. Wenn die Krankheitskosten über einen bestimmten Satz steigen, dann müssen wir den Rest draufbezahlen. Es ist nicht ganz billig.Aber überwiegend wird es so gemacht. Wenn man das 65 Lebensjahr vollendet hat, und pflegebedürftig geworden ist, dann bekommt man Hilfe vom Staat. Wenn man dies in Anspruch nimmt,

dann bekommt man eine Haushaltshilfe die alle anfallenden Hausarbeiten erledigt.
Aber Grundsätzlich gilt, wir brauchen keine zusätzliche Krankenversicherung für den Arzt oder das Krankenhaus. Das hat natürlich einen großen Vorteil.
Die Haushaltshilfe oder Krankenhilfe die man in Anspruch nehmen kann, wird vom Staat bezahlt, das ist hier sehr gut organisiert.
Leute die nicht mehr alleine Leben können, können sich auch in Altenheimen einquartieren. Es ist genauso wie überall, die Menschen werden immer älter.In solchen Altenheimen findet man heute alle möglichen verschiedene Nationen.

Das System der Finanzierung der Altenheime ist so gestaffelt, daß man alle seine Bezüge abgibt und nur Taschengeld bekommt. Oder es gibt dort auch Heime bei denen man sich einkaufen kann.

Für uns ältere Menschen ist es auch wichtig , zu überlegen wie man den Einkauf gestaltet.
Das ist überhaupt kein Problem, wir rufen zum Beispiel den Supermarkt an, bestellen alle Lebensmittel, die werden dann binnen kürzester Zeit geliefert.So ein Service ist in Australien selbstverständlich.

(Als ich mich nach den Temperaturen und dem Wetter erkundigte), lachte er und meinte: Es ist schwarz und weiß"dann fügte er hinzu:

Es ist sehr unterschiedlich, in unserer Ecke besonders , weil wir doch zwischen den Bergen und dem Meer wohnen. Da ist es doch schon sehr wechselhaft.
Im Frühling wird das Wetter beständiger. Hier in Victoria ,zum Beispiel, sieht das Wetter fast in jeder Stadt anders aus. Wir sind vor 3 Wochen weggefahren, da hatten wir 25 Grad Celsius.

Nachts sank die Temperatur auf 12 Grad ab. Letzten Weihnachten hatten wir 40 Grad warm, aber in der Nacht kühlt es so stark ab, daß man den Heizofen anmachen muß. Manchmal gab es sogar Nachtfrost. Aber das ist dann mehr in den Bergen. Bei uns im Tal kann es schon mal 2 Grad unter Null werden. Doch überwiegend ist hier schönes Wetter.

Sie sahen doch eben meine Frau vor dem wunderschönen Zitronenbaum im Garten, der geht auch nicht kaputt, bei diesen Temperaturen.

Wir pflegen ihn und stutzen ihn regelmäßig. Dann ist er geschützt gegen den Frost, der im September kommt. Das haben wir in der Zwischenzeit schon gelernt.
Auf das Wetter kann man sich dann natürlich nicht verlassen. Wir sorgen auf alle Fälle vor.

Wie ich schon sagt, es ist mein Hobby.
Ja, ich muß sagen die Freizeit für Australier ist sehr wichtig. Die Leute haben ihre Hobbies, man verdient gut. Es gibt auch Menschen die viele Überstunden machen. Menschen die eingewandert sind und arbeiten und arbeiten , die nur an das Geld denken. Diese Leute arbeiten 7 Tage die Woche, besitzen ein großes Haus und ein Boot und noch so manchen Luxus. Aber sie haben im Prinzip nicht gelebt und dann plötzlich sterben sie, oder fahren zurück in ihr Heimatland von wo sie kamen.

Da fällt mir eine Familie ein, die sind dreimal nach Australien ausgewandert. Jedesmal dachten sie dabei, wir kommen nochmal , wir müssen noch mehr Geld verdienen und noch reicher werden. Nur solche Menschen werden dann nicht glücklich. Ich denke man muß nicht in zwei Welten leben. Es ist nicht verkehrt ab und zu etwas aus der Heimat zu hören, aber leben muß ich hier in Australien. Wenn man so denken kann ist das das Schönste.Man lebt halt hier, und wir fühlen uns als Australier.

Dafür haben wir ja auch noch einen Fernseher.
Die wichtigen Ereignisse aus Europa bekommt man zu sehen, in englischer Sprache schauen wir immer.Auch wenn etwas in Amerika passiert , es wird alles gesendet.An Information mangelt es uns nicht.

Auf meine Frage:
„Melbourne war die einzige Stadt, die 1835 Strafgefange die Seßhaftwerdung verweigert hatte. Ist das heute noch in der Mentalität zu spüren?“, antwortete er :
„Ja, ich spürte davon zwar nichts, aber ich kann mir das vorstellen, daß das früher so gewesen ist.
Das ist schon eine Wahrheit, aber heute wird dieses Thema vermieden.
Da kann ich also keine genaue Antwort geben“.

Ich könnte höchstens etwas über die Goldgräber und Schatzsucher in der Nähe von Melbourne erzählen.
Es wird heute noch betrieben.Eineinhalb-Stunden Fahrt mit dem Auto , dann erreicht man dort noch die Goldminen.
Zur Zeit wird dort auch noch sehr viel Gold gefunden. Denn wenn sich solch eine Mine nicht rentiert, dann werden sie sofort geschlossen. Es gibt auch noch sehr viele Leute, die das noch als Hobby betreiben. Sie kennen doch die Menschen, die mit einem Goldsuchersieb oder diese Schüsseln zum Goldsuchen gehen. Genauso wird das betrieben, und es wird auch heute noch auf diese Art Gold gefunden. In West-Australien, da gibt es noch viele Minen die geöffnet sind. Es wurde auch eine kleine Stadt errichtet. Genauso Realgetreu, wie es sich vor 100 Jahren alles abgespielt hat. Dort kann man sehen , wie schwer die Zeiten damals waren , für die Menschen.
Viele Menschen mußten unter freiem Himmel schlafen. Es ist aber auch bekannt, daß noch sehr viel Gold existiet, welches gefunden werden muß.

Da fällt mir ein, wir waren mit unseren Bekannten aus Holland ,zu der Sovereign Hill im Ballerat, der originalgetreuen Rekonstruktion einer boomenden Goldgräberstadt der fünfziger Jahre des vergangenen Jahrhunderts gefahren. Dort gibt es noch Polizisten, genauso gekleidet wie vor 100 Jahren. Der wollte sogar meinen Schwager in Gefängnis stecken.Es ist eine Touristenattraktion.

Danach besuchten wir ein Spiel „ Aussie Rules".

Ja, man kann sich vorstellen es ist so ähnlich wie das amerikanische Football, wo die großen gut gepolsterten Männer rumlaufen. Man muß es so sehen, um dann die Spielregeln zu verstehen.
Aber dadurch, daß wir gerne Sportsendungen sehen, schauen wir gerne dem „Aussie Rules" zu.
Wir haben immer wieder dort zugesehen, solange bis wir die Spielregeln kapiert hatten, die kann ich gar nicht so erzählen. Ich weiß es halt nur , wenn ich es sehe.
Als wir das erste mal das „Aussie Rules" gesehen hatten, waren wir nur am lachen, weil wir wußten ja gar nicht was los ist.Für uns sah es aus, als würde eine Herde Kühe aufeinanderprallen.
Kricket zum Beispiel , da schau ich nicht so gerne zu. Das sehen meine Jungs wiederum sehr gerne. Die beiden haben auch die verschiedenen Sportarten selbst ausprobiert. Sie spielten Basketball, Kricket Schnelllauf. Mein ältester Sohn war Basketballspieler und der jüngere spielte Fußball . Leider mußte er durch seine Fußverletzung damit aufhören, weil seine Bänder dadurch viel zu sehr überlastet wurden.

Ziemlich ausgiebig betrieben meine Jungs auch das Marathon-Laufen. Sie waren beide deshalb auch schon desöfteren in Rotterdam , und nahmen an diesen Veranstaltungen teil.
Ja, das war damals eine schwierige Angelegenheit, denn es war zu der Zeit sehr kalt.
Es waren damals nur 10 bis 12 Grad warm, damit hatten sie ein sehr großes Problem.

Aber es hat sich so entwickelt, daß in Australien speziell in Melbourne und Geelong nur noch die Profis zum Zuge kommen. Da haben es die Laienläufer natürlich sehr sehr schwer.
Trotzdem schauen wir immer noch gerne diese Sportarten.

Wir selbst betreiben keinen großartigen Sport mehr, außer daß ich Schwimme gehe. Für uns steht die Erholung auch sehr hoch im Kurs.
Es ist vor allen Dingen so, daß sehr viel vom Strand gebrauch gemacht wird, die hier riesengroß sind. Es ist nicht so, daß man sehr weit fahren muß um Erholung zu finden.

Ich habe einen Freund, der lebt in einem Ort mit 10 000 Einwohner, aber in der Urlaubszeit schwillt der Ort auf 30 000 Menschen an. So schön ist der Strand, der nicht so fern ist.
Der Australier fährt also generell gerne zum Strand, weil sie doch die freie Natur sehr schätzen.
Melbourne selbst ist eine sehr grüne Stadt. In der Innenstadt lebt jeder im Grünen, trotz der bombastischen Größe dieser Stadt. Es wurde sehr stark auf Grünanlagen geachtet.

Begeistert bin ich auch von den „Dondenong Ranges".
Oh ja, die Dondenong Ranges. Mein Sohn wohnt nur eineinhalbStunden von dort entfernt.
Wenn er aus seinem Haus schaut, sieht er die schönen Wälder der Dondenong Ranges liegen.
Dort ist es wunderschön. Da wohnen auch sehr viele Leute aus Holland.
Dort sind auch sehr viele Blumenzüchter ansässig. Damals waren sehr viele Feuerherde, es ist sehr schade, daß dort so viel verwüstet wurde. Die Dondenong Ranges liegt etwas höher und deshalb ist es dort auch kälter.
Mein Sohn ist auch froh, daß er so nah an dieser Range wohnt.

Wenn wir ihn besuchen, lassen wir uns das nicht nehmen für ein paar Stunden die Dondenong Ranges zu besuchen. Natürlich auch, weil dort in der Nähe viele Holländer wohnen, der Heimat wegen.

„Die Gebrüder Henly aus Tasmanien gründeten 1834 in Portland die erste feste Farm „Port Fairy",
gibt es sie heute noch und wird sie von den Nachkommen noch geführt"?, fragte ich Simon.

Oh ja, da war ich zufällig noch, und wir kennen dort noch eine Familie. Der Mann war dort Gärtner und hat uns eingeladen. Es ist wie ein großer Bauernhof, und wir haben sogar dort geschlafen .
Weil er dort Gärtner ist ,konnte er uns umherführen. Meine Schwiegertochter die kommt aus demselben Ort. Es ist ungefähr von unserem Haus 3 bis 4 Stunden entfernt.
Wir haben da auch viele Bilder von, doch leider nicht hier. Es ist ein großes Anwesen. Sie haben auch viel Personal. In Australien war das absoluter Luxus.
Ich weis aber nicht genau, ob das Anwesen noch von den Nachkommen geführt wird, weil es ja so groß ist ,die Bekanntschaft von uns nun auch nicht mehr dort wohnt. Aber es ist Zufall das sie das wissen, und wir dort übernachtet haben, „lachte er.

In Souverain Hill werden heute noch die ersten Pioniere und Goldsucher gefeiert. Haben Sie dort schon mal mitgefeiert?
Ich würde behaupten , das ist ein großer Touristenplatz.

Ja, meine Eltern nahm ich auch schon mal mit , als sie auf Besuch waren. Er hat damals sogar noch sehr viel Gold gefunden, an dem Ort der so gefeiert wird.Dort gibt es auch ein Museem.
Am Anfang waren dort sehr viel Chinesen. Man kann sehen wie alles mit Pferd und Wagen transportiert wurde. Auch der Polizist der noch genauso gekleidet ist wie früher, der wird vorgeführt. Es ist alles einfach mit Holzbänke und Holztisch. Aber ich muß sagen, man muß

es gesehen haben um sich davon eine Vorstellung zu machen. Das ist dic History von Australicn.
Im Ballarat fanden früher auch viele Kämpfe mit den Engländern statt. Es gibt dort eine extra entworfene Fahne zu diesem Anlaß, zum Südkreuz, die wird heute noch dort gehisst.
Die Engländer , die sehr viel Geld besaßen, kämpften in der Nähe von Urika. Es waren schwere Kämpfe.

Vor ein paar Jahren sahen wir hier in den Medien, wie große Feuersbrünste große Teile im Staat Victoria verwüsteten, waren sie damals auch davon betroffen?

Nein, das war eine Stunde von uns entfernt. Zu der Zeit waren wir in Urlaub in Tasmanien, aber man hat dort auch etwas mitbekommen. Durch den Wind der zur Küste wehte, roch man den verbrannten Geruch. Damals waren wir gerade auf der Dongenong Ranges, und fuhren mit dem Schiff nach Tasmanien. Als wir zurückkamen, roch man es sehr stark, es war ein ganz schöner Gestank. Der riesengroße Brand ging an der Küste vorbei.
Ich konnte es in der Ferne brennen sehen.
Letztes Jahr hatten wir auch noch mal solch einen Brand, der kam schon bedrohlich nahe. Hinter Ballerat. Wir hatten zum Glück aber keinen Schaden davongetragen. Der Wind trug die Hitze in eine andere Richtung. Es wird oft vermutet das es sich um Brandstiftung handelt. Es wird auch fiel vor Feuer gewarnt. Durch die Medien wird oft vorgewarnt. Auch wenn man draußen ein Grillfeuer anzündet ist höchste Vorsicht geboten. Es gibt viele Plätze, an denen überhaupt kein Feuer gemacht werden darf. Es wird dort strengstens bestraft. Durch die starke Hitze die sowieso schon in Australien herrscht ist dort höchste Vorsicht geboten, so kann man sich vorstellen, daß da schon gewaltige Feuer entfacht werden können.

Es ist schon komisch, wenn ich daran denkte, erst mit 36 Jahren ausgewandert zu sein.
Es war eigentlich schon zu spät für mich. Und dann wurde gleich nach der Ankunft unser 1. Kind gezeugt.
Ohne Kinder kamen wir, und es sind dann doch noch zwei geworden.

Und was ich unbedingt erzählen muß, ich habe 7 Enkelkinder. 6 Jungen und 1 Mädchen.

Stolz bin ich auch auf unser eigenes Haus . Hinterm Haus auf der Terasse sitz meine Frau gerne und erledigt ihre Handarbeit.

Dort wohnen wir jetzt seit 25 Jahren.Wir sind sehr zufrieden mit unserem Heim, und wir haben gute, freundliche Nachbarn auf beiden Seiten.
Und solange wir gesund bleiben, so lange leben wir hier.
Der Zitronenbaum ist auch unser Stolz.
Wir pflücken so ungefähr 3 bis 4 Kisten Zitronen ,jedes Jahr.

Bald ist mal wieder Weihnachten. Wie werden Sie Weihnachten feiern. Stellen Sie dann Ihre Christaumkerzen auch in den Kühlschrank, damit sie nicht schmelzen.?

Natürlich feiern wir Weihnachten.
Nur die Geschäftsleute, die fangen schon 2 Monate früher an, mit den Dekorationen und den Artikeln die es so üblicherweise zu kaufen gibt.

Wir feiern so, daß die gesamte Familie zusammen kommt.Wir essen dann was Schönes.
Früher kamen alle zu uns, aber die Söhne haben jetzt eine größere Wohnung und finden es schöner wenn wir zu ihnen kommen.
Wie so üblich, ein Tag zu dem ältesten und ein Tag zum jüngsten Sohn.
Jeder bringt etwas mit . Es ist immer gemütlich bei John und Phillip.
Nur ist an Weihnachten Hochsommer und dann sitzen wir gerne draußen im Freien.
Außerdem ist dann auch noch Urlaubszeit in Australien und dann hat man nicht so das romantische Weihnachtsfeeling wie in Europa.
Wir haben auch einen Weihnachtsbaum, das ist noch die Tradition.
Am 24 . Dezember tauschen wir auch noch die Geschenke, das ist immer hübsch und gemütlich.

Früher machten wir alle Geschenke selber, aber das hat sich im Laufe der Zeit geändert. Heute ist es so, daß wir die Geschenke kaufen.
Der Weihnachtbaum ist auch geschmückt. Zur Zeit haben wir aber nur einen kleinen Weihnachtsbaum, es ist aber kein natürlicher Baum, ein Kunstbaum. Wir sprühen den Baum mit Tannenduft ein, dann kann man auch die Luft ein bisschen riechen, so hat man den Gedanken, es ist Weihnachten.
Wir stellen auch keine Kerzen in den Kühlschrank. Wir brennen nicht so viele Kerzen, die sind bei uns elektrisch, denn das ginge auch garnicht, weil es viel zu warm ist.
Es besteht aber die Möglichkeit, daß wir abends den Ofen anwerfen, aber am Tag ist es überwiegend 30 Grad warm. Dann sonnen wir uns lieber.

Wie werden Sie die Jahrtausendwende verbringen. Sitzen Sie dann auch vor ihrem Computer und warten,daß er abstürzt.?
Thats a problem in Germany!

Hier in Australien wird Sylvester nicht so gefeiert wie wir es gewöhnt sind.
Aber es entwickelt sich langsam auch so. Die Schotten veranstalten Spielmannzüge und laufen durch die Straßen. Manche Geschäftsleute veranstalten auch einen Neujahrsball.
Bei mir persönlich ist es so, daß wir an Sylvester Freunde und die Kinder einladen, und wir feiern es wie wir es von Europa her gewöhnt sind.
Es ist aber auch normal, das man vor Mitternacht ins Bett geht. Es gibt viele die sich überhaupt nichts aus Sylvester machen.
In den Großstädten werden auch Feuerwerke veranstaltet. Wir hören hier zum Beispiel auch ,wie die Schiffe ihre Nebelhörner verlauten lassen um Mitternacht, um alle Menschen zu grüßen.

Doch ich muß sagen, durch die vielen Nationen, die hier leben, ist es doch höchst unterschiedlich. Es kommt auch darauf an, in welcher Region man lebt, und wie man an der Tradition festhält.

Leider muß ich mir zugestehen, daß sind dann solche Momente, in denen ich an meine Verwandten und an meine Ex-Heimat denke.

Ja, aber ich muß Ihnen sagen, in den letzten Jahren hol ich mir schon mal das Telefon und rufe meine Schwester an. Aber es ist schon mal vorgekommen, daß ich angerufen hatte, und meine Schwester war schon im Bett. Weil es ja dort nachts 2 Uhr war. Da hat sie sich schon mal erschrocken, weil sie dachte es wäre etwas schlimmes passiert.Dann vergißt man schon mal die Zeitverschiebung.

Sylvester gibt natürlich den Anlaß dazu, über Vergangenes nachzudenken.
Ja, ich denke dann an meine Eltern , an früher, an den Besuch meiner Eltern.
Ich kann mich noch erinnern, als ich an Sylvester meine Eltern bei meiner Schwestern in Holland angerufen hatte: Da sagte sie mir: „Wir haben gut gegessen, und es ist lausig kalt draußen. Aber im Haus ist es mollig warm." In Europa war es ja tiefster Winter.
Das sind dann die Momente , bei denen man dann schon ein paar mal schlucken muß.

Nun einmal eine andere Frage?
„Doch nicht so schwierig hoffe ich!" lachte Simon.

Wenn ich eine Kochsendung machen würde, was könnten sie mir dann vorkochen?

So genau kann ich das nicht sagen. Ich koche und esse alles gerne.
Es gibt kein spezielles Rezept.
Auja, da fällt mir doch noch eines ein. Nasi Goreng.

Das aßen wir damals sehr viel auf dem Schiff, auf dem ich damals Dienst machte.
Da waren Chinesen, die eine spezielle Art hatten es zu zubereiten. Mit überviel Curry.
Es aß nicht jeder gerne. Ich überlege immer wer was mag und danach koche ich dann.
Das einfache, traditionelle Essen mit Kräutern mag ich am liebsten.

So wie gegrilltes Lamm, mit Bratkartoffeln und Salat.
Meine Schwiegertochter die kocht das sehr gerne.

Wenn Sie nocheinmal vor der Wahl stünden auszuwandern, würden Sie es wieder tun?
Absolut , Ja.(Beide nickten überzeugend)

Alles was wir nun beredet haben, so habe ich bemerkt , daß wir es gut getroffen haben!
Ja, wenn ich in Holland geblieben wäre, dann hätte ich mit 55 Jahre aufgehört zu arbeiten.
Hier in Australien ist es schon sicherer, ich habe zwar bis 61 Jahre durchgearbeitet, aber nun gut, ich muß zugeben , ich dachte schon manches mal daran ,daß ich in Holland mit 55 in Rente hätte gehen können. Aber Holland konnte mir die große Weite nicht bieten.
Es ist zwar einiges in Holland besser geworden, doch hätte ich die Wahl nach Holland zurückzukommen, so würde ich nur aufs Land ziehen. Aber ich bleibe trotzdem in Australien.
Hier lebt man zwar einfacher. Es ist wärmer. Der Lebensstandart ist auch in Australien besser geworden, das gilt auch für Holland, Deutschland und Australien.

Meine beiden Söhne haben ein schönes Studium hinter sich, und ich kann sagen wir haben es gut gemacht.
Das Problem mit der Sprache konnte ich ja auch gut meistern, dadurch, daß ich viel mit Holländer zusammen arbeitete,damals. Meine Kinder wuchsen mit der Sprache auf.

Manchmal denkt man, es hätte auch anders kommen können. Für mich wäre es schlecht gewesen, wenn ich damals in einer englischen Firma gearbeitet hätte.
So wie es kam, so bin ich auch damit zufrieden.
Jetzt in meinem Alter verändert man sowieso nichts mehr.
Meine Kinder sprechen zwar über Holland, aber sie fühlen sich als Australier.
Komischerweise ist es so, wenn ich von Australien nach Rotterdam fliege, dann denke ich , ich fliege nach Hause. Aber nach ein paar Wochen, dann bin ich genauso wieder froh wenn ich in den Flieger wieder einsteige und nach Geelong,Australien zurück fliege.

Ich kann mich noch gut daran erinnern, als wir das letzte mal hier in Holland waren, da dachte ich, es ist das letzte mal ,daß wir uns sehen .

Ja, ich selber wäre wahrscheinlich nicht gekommen, aber meine beiden Jungs haben gesagt, wenn du nach Holland willst, dann mußt du es jetzt tun. Ich muß dazu sagen, daß unsere Jungs sehr gut für uns sind. Ich bin stolz auf sie. Ich kenne auch verschiedene Familien, die 6 oder 7 Kinder haben, die so viel gearbeitet haben, und es viel schwerer gehabt hatten als wir. Auf der anderen Seite kann man auch sagen, es war auch nicht einfach für uns, weil ich doch schon viel unterwegs war. Manchmal war es sogar ein halbes Jahr. Es gab auch eine Zeit, in der wir Barfuß mit einer guten Hose gelaufen sind.Wir haben also auch alles mögliche erlebt.
In Geelong wurde viel Aluminium gefördert und vom großen Hafen aus überall hin verschifft, da fand schon so mancher Arbeit, ohne die er verloren gewesen wäre.

Wenn Ich mir den Rückblick so ansehe, so kann ich sagen es geht und gesundheitlich und so doch ganz gut!
Ja, die Rückschläge die wir hatten. Am Anfang war man ja nicht versichert, so daß man Angst hatte krank zu werden. Das Geld welches man gespart hatte, wurde für Krankheitstage geopfert. Mein Frau hatte zum Beispiel mal ihr Gebiß gebrochen, da ging schon eine Menge gespartes Geld drauf.Das

ist nun zum Glück alles anders.Ich will nicht sagen, daß sie dann hätte ohne Gebiß lauf en müssen, zum Sozialamt wären wir jedenfalls nicht gegangen.
Es war nun auch so, daß wir mit der Zeit viele neue Freunde fanden. Da hat man sich schon mal gegenseitig ausgeholfen.

Unser Freundeskreis weitet sich mit der Zeit immer weiter aus. Mein Sohn heiratete eine Australierin, durch sie kamen wir zu noch mehr Freunden.

Meine Kinder haben es zu etwas gebracht und sie sind nicht überheblich geworden.
Aber die Kinder die sie haben sind sehr verwöhnt, besonders meine Enkeltochter.
So, ich denke wir kommen langsam zum Ende dieses Gespräches, sie sehen ja selbst, meine Frau ist schon fast neben mir eingeschlafen.

Lachend bedankte ich mich für dieses lange Gespräch.

Doch Simon wollte selbst kein Ende finden und fügte hinzu:

Danke, Aber ich wußte nicht, welche Fragen sie mich fragen wollten, wir haben einfach so erzählt wie wir es erfahren haben.
Ich höre noch oft meine Jungs sagen: „Mama du hast uns gut großgezogen“
Man sieht wir sind doch stolze Vater und Mutter.Obwohl wir nach Australien auswanderten.
Ich kann nur jedem Emigranten genauso viel Glück wünschen.

Von Simon Geilings erfuhr ich unter anderem was der Australier so ißt. „ Das muß unbedingt hinzugefügt werden“, forderte Simon.

Ich glaube so eine Vielfältigkeit gibt es wohl nirgendwo auf der Welt. Es sind alle Nationen vertreten von den Engländer, Deutsche, Amerikaner, Kanadier,Chinesen, Japaner bis hin zu den Franzosen und noch einige mehr.

So kann man sich vorstellen, Australien hat sich zu einem Schlemmerland entwickelt. Die Deutschen brachten zum Beispiel die Wurst nach Australien, wie sollte es auch anders sein. Doch hab ich mir sagen lassen, der Geschmack dieser Wurst sei gewöhnungsbedürftig. Aber auch das Frühstücksfleisch, Marke "Corned beaf“, wird dort gerne verzehrt. Man findet auch heufig „bacon eggs“, Schinken mit Speck am Frühstückstisch.

Durch die Amerikaner kam der „Burger, sandwiches, rolls (langes Brötchen mit Salat), die man an unzähligen Imbißbuden kaufen kann. Das typisch Britische darf dann natürlich auch nicht fehlen, die „Fish and Chips“, die häufig mit dem flake (Haifisch) zubereitet werden.
Anzunehmen ist, daß die Barossa Deutschen ein wunderbares Gericht, das ist mein Leibgericht, die Fleischpastete aus Hackfleisch, Huhn,Gemüse,Fisch manchmal auch mit Äpfeln besteht, nach Australien einführten.
Die vielen Imbißbuden, sind so vielzählig, weil der Australier mittags gerne nur kalt oder „kurz“ ißt, dann abends ein warmes „dinner“ oder „lunch“ oder „barbecue“ verspeist.
Das nennen sie dann „ tea“
Es wird dann richtig zugeschlagen, mit Lamm,Rind (Porterhouse steak), Spiegeleiern,Möhren,Kürbis,Erbsen und sogar Spinat. Natürlich dürfen keinesfalls die Pommes frites fehlen.

Sehr preisgünstig sind auch die Pubs dort. Es gibt eine Spezialität, das „Counter meal“, ein sehr umfangreiches Essen mit allem was dazu gehört.
Gerade fällt Herr Geilings diesen berühmten Brotaufstrich , genannt „vegemite“, ein, er besteht aus einer hefehaltigen braunen Masse, die quasi ein Abfallprodukt der Bierherstellung ist, und schmeckt soja- oder maggiartig. Ich denke das ist ziemlich gewöhnungsbedürftig.

Auf jeden Fall steht fest, schnelles Essen von Vietnamesen, Chinesen, Japanern, Griechen ,Italienern und den Deutschen steht hoch im Trend. Schön verpackt kann es jederzeit mitgenommen werden.
Zum Essen gehört natürlich auch ein anständiges australisches Bier. Leider werden dort mehr Chemikalien zur Haltbarkeit des Bieres verarbeitet. Aber dennoch so lange hält kein Bier, das man dies brauche. Sehr guten Marken sind unter anderem: das "Victoria Bitter", ähnlich unserem Bitburger Bit. Dann gibt es noch das „Tooheys“, „Castlemaine XXXX“, und das „Forsters“.
Die Promille können dort genauso angehäuft werden wie hierzulande, denn es enthält genauso 5 % Alkoholgehalt. Nur haben die Australier eine Angewohnheit, das Bier über die Maßen kalt zu halten, so daß sich beim Ausschenken keinen Schaum bilden kann. Die Kronenliebhaber haben also ein Nachsehen. Und wer es nicht glaubt, aber es ist so, in Australien kann man auch ein „Stubbi“ bestellen.

Natürlich gibt es auch für Weinliebhaber unmengen an australischen Weinen. Die sogar sehr gut sind.

Eine Eigenart besitzt der Australier dennoch, wahrscheinlich aus der Not heraus, er telefoniert unheimlich gerne und viel. Es ist auch ein feierliches Völkchen. Verständlicherweise, improvisieren die Menschen dort sehr viel und gerne. Sie sind jedesmal stolz, wenn etwas gelungen ist, wo andere nur den Kopf schütteln.

Wenn sie schon einmal einen australischen Film gesehen haben, werden sie auch schon bemerkt haben, australische Männer und Frauen sitzen stets an getrennten Stellen eines Pubs. Noch heute ist es auf dem Land so, Herr im Haus ist der Mann. Wenn das mein Mann wüßte, so wäre er lieber heute bereit dorthin auszuwandern ,als morgen.
Es sind übrigens auch ausgesprochen fleißige Zeitungsleser. Sogar für deutsche Volksgruppen erscheint wöchentlich „Die Woche in Australien" in Sydney, und 14-tägig die „Die Neue Heimat und Welt" in Melbourne.
Im Staat Victoria liest Simon „The Age, The Herald, The Sun News Pictural".

Das Radio startete in Australien 1923 zum ersten Mal eine Sendung. Es gibt sie für 40 verschiedene Nationen, auch für Deutsche. Aber auch für die Aboriginals ist gesorgt. Sie besitzen zum Beispiel einen Sender „Radio 8 KIN" in Alice Springs. Dieser Sender bringt Beiträge in der Eingeborenen-sprache, sowie in Englisch. Falls sie nach Australien auswandern möchten, so kann ich sie beruhigen, ihren heißgeliebten Fernseher können sie mitnehmen, denn dort gibt es ebenfalls das Pal-System, welches 1975 von den Deutschen importiert wurde. Die allererste Fernsehsendung, konnten die Australier 1956 bestaunen. Aber ihnen ist Satelittenfernsehen zu teuer, daher empfangen die meisten Australier ihre Programme über Antenne. Dies hat natürlich zur Folge, daß sie nicht über eine solche Sendervielfalt wie wir verfügenkönnen, obwohl es sie gibt. Alle Krimifans werden begeistert sein, es

wird zum Beispiel Derrick und noch andere Kult-Sendungen
Aus Deutschland gesendet.
Meist auch in Deutsch für die deutschen Einwanderer.

Simon sagt :"Melbourne ist eine beschauliche Stadt. Wer sie einmal besucht muß unbedingt eine ausgiebige Stadtrundfahrt mit der Straßenbahn machen.

Mitten im Centrum der Central, liegt unter einen gewaltigen Glaskuppel der moderne Konsumtempel,mit dem historischen Shot Tower. Der wurde damals zum gießen von Bleikugeln benutzt.
Mit der gelb-grünen Tram kommt man auch leicht nach China-town.
Diese Chinesen kamen damals vor 140 Jahren hierher. Der Goldrausch lockte sie nach Melbourne. Wie man sieht kann man hier hervorragend die chinesische Kost genießen.
Melbourne hat aber auch einen sehr großen britischen Touch. Hier fühlt man sich der britischen Tradition verpflichtet, aristokratische Manieren, und dazu den viktoranischen Häuserstil.

Wie das Prinzess Theatre.
Der große Geldadel nächtigt hier natürlich standesgerecht im Windsor Hotel.
Wir leben hier auch nicht hinter dem Mond, lächelt er, wir haben hier riesige Fußgängerzonen mit sehr vielen gut sortierten Kaufhäusern.
Im Hotel Sofitel, darf man eigentlich nicht zur Toillette gehen, dort gibt es nämlich die vielgepriesene „ gläserne Toillette".Es erstaunte mich, als ich Simon sagt: „Aber die Wände sind nicht aus Glas!" „Doch", lachte er. Das Hotel bekam durch diese Toilletten einen ungewöhnlichen Ruf.(Welcher , das wollte er mir nicht verraten !) Ob ich das glauben kann, daß weiß ich auch nicht. Wer's besucht wird es merken.

Wer im Norden Melbournes steht und an das südliche Ende gelangen will, der muss fast 80 Kilometer hinter sich bringen.
Es ist schon eine große Stadt, die im Schachbrettmuster in der City angelegt ist. „Hauptstadt des „Garden State" wird Melbourne genannt. Wegen seiner unzähligen Parks und Grünanlagen.
Interressant ist es auch mit der Bahn zu fahren. Bei jedem Bahnstop wechseln die Nationalitäten. Es leben an die 80 Volksgruppen in Melbourne.
Wir alle leben nach dem Sprichwort der Aboriginels
„ Moomba",
was soviel heißt wie:" Lasst uns zusammenkommen und feiern."
Es gibt auch viel Feiern auch viel Kunst und Kitsch, welches ein buntgemischtes Publikum anzieht.

Sollten sie aber je zu einer Verabredung zum Tee in Australien eingeladen sein, da bringen Sie auf alle Fälle guten Hunger mit, denn eine Verabredung zum Tee ist nicht wie in unseren Breitengraden nur Tee, in Australien wird der Tee zelebriert indem sie ein anständiges Grillfeuer entzünden in Grünanlagen

oder hinterm Haus im Garten. Dazu dürfen sie dann Tee trinken.
Falls Sie selbst auch einmal zum Tee einladen sollten, müssen Sie das unbedingt beachten. Sonst könnte es einige Enttäuschung geben.

Und überhaupt sind wir gerne Australier.
Wir pflegen auch regelmäßig Ausflüge ins „Outback."
Nur wer dies gerne macht sollte einige Regeln beachten.

Das Outback ist eine Wüste, deshalb sollte man unbedingt genügend Wasser mit sich führen.Der Tranport stellt nur ein kleines Problem dar.Es sollte möglichst kühl aufbewahrt werden.

Sollte man mit dem Gedanken spielen auszuwandern, oder auch nur dem Kontinent einen Besuch abstatten, so sollte man wissen, daß das Land im Besitz der Ureinwohner, welches öffentlich zugänglich ist, nur mit Genehmigung betreten oder befahren werden darf. Dies wird dort sehr streng gehandhabt. Eine Genehmigung erhält man bei den „Council", die für das Land zuständig sind. Dies kann aber auch bereits von Deutschland aus erledigt werden.

Council für Alice Springs und Tennant Creek,
33 Stuart Highway
Po Box 3321
Alice Springs NT 0871
Tel. 08/8951 6211
Fax 8953 4343

Für das Top End und den Norden lautet die Kontaktadresse:

Nothern Land Council
9 Rowlings Street
Po Box 42921
Casuarina Nt 0811
Tel. 08/8920 5100
Fax 8945 2633

Für South Australien, Aboriginal Land Council
Anangu Pitjantjatjara
PMB Umuwa via Alice Springs Nt 0872
Tel. 08/8956 7577
Fax 8956 7570

Außerdem sollten sie bedenken, australische Steckdosen sind dreipolig, wofür man aber sehr leicht Adapter findet. Ein kleiner Voltunterschied besteht zwar, aber das tut dem Gerät sowie der Leistung keinen Abbruch.

Die Auswandererstadt für Deutsche schlechthin ist die Stadt Adelaide.

Strenggläubige Lutheraner, flüchteten vor preußischen Repressalien um 1838.

Es sind die Pioniere Australiens einer der ersten Siedler, im heutigen Barossa Valley. Sie und viele haben hier rund um Adelaide manch Brauchtum der angestammten Heimat bewahrt, und vor allem die Familien aus Germany.
Der Weinbau wurde eingeführt und kultiviert.

Ednar Ruby geborene Steinert spricht noch heute schönstes Barossa Deutsch.
Ihnen ist es zu verdanken, daß die Deutsche Sprache noch heute nicht ausgestorben ist in Adelaide. Viele Deutsche zog es in diese Stadt, mit einer hügeligen Landschaft rundherum. Viel schlesisches Lutherdeutsch und einiges von den englisch vermischten Sprache ist zu hören.
Sie lebt mit ihrem Mann Gottfried Bruno (86 Jahre alt) seit Geburt an , in diesem Ort. Beide werden in ihrer Heimatstadt als richtig alte Leute betitelt.
Gerne hob sie die alten Stoffe ihrer Mutter auf und äußert sich dazu:
„ Des woar ja olles so fisperich zu mochen, dazumoal. Hoat hoamer anner Zitten"
Sie sammelt alles aus der Vergangenheit, Tauf-Totenscheine, das Steinertbuch,das Fechner-Familienbuch,Hutschachteln und den Katescheten.
Sie liebt halt die History, denkt gerne an alte Zeiten.
Sie erinnert sich für ihre Mutter : Drei Wochen seien sie unterwegs mit ihren Oderkähnen bis nach Altona. Dann brachten sie hundert Tage auf überfüllten Schiffen zu, sturmgeschüttelt, und geplagt vom Typhus. Aber der Glaube der blieb.1838 erreichte die erste große Gruppe Port Adelaide. Schmale kleine Grundstücke im Hinterland durften sie damals von den englischen Grundbesitzern erwerben.
Damals kostete die Überfahrt und der Kaufpreis für Grundstücke alles eine menge Taler.
Diese Pioniere waren erzkonservativ, meistens Kleinbauern und Handwerker.

Ihre neugegründeten Dörfer tauften sie : Hoffnungstal, Lobethal oder Gnadenfrei.
Noch heute kann man die Geschichte Revue passieren lassen wenn man auf die Friedhöfe geht. Es liegen dort Kuchels ,Knispels, Drogenmöllers und Schlotterbeckers. Den

Grabsteinen ist anzusehen, daß sie aus den Gründerjahren stammen. Das typische Flair ist nicht verloren gegangen.
Eine heufige Inschrift lautet: unter viel Kreuz und Ungemach, mitten ins Nichts gegangen.Zum Beispiel kann man erkennen daß Gottfried Dienegott kein langes Glück beschieden war.

Die Inschrift seines Grabsteines beinhaltet: „Er blieb treu bis an sein Ende, welches schnell erfolgte“ Irritierenderweise wurden die meisten Einwanderer bemerkenswert alt.
Nur leider hatten die Kinder hatten Schwierigkeiten mit dem Überleben. Fast ein Viertel der Gräber auf den Friedhöfen sind Kindergräber.

Eine Tradition verlangte, dass totgeborene Kinder auf ihren Grabstätten steinerne Herzen bekamen, wenn sie notgetauft waren.
Es ist halt so, Australien ist ein hartes Land, es war so und es wird auch immer so bleiben.
Mühsam bauten sich die Siedler ihre Häuser legten ihre Farmen an, und dann plötzlich wurde von Naturgewalten alles wieder vernichtet. Keiner gab damals auf. Der eiserne Wille und der Glaube überwiegten.
In Adelaide hatte fast keiner Kontakt mit den Aborigenes, sie waren aus dem Tal verschwunden. Doch es gibt noch Laute, in denen es heißt:“ Passt auf, nehmt euch in Acht vor dem schwarzen Mann, mit seinen fliegenden Stöcken.“
Damit waren wohl die Bummerangs gemeint. Es wird überliefert, die Siedler waren so fleißig wie fleißige Bienen.Deren Kirche besagt: Schlechte Zeiten sind gute Zeiten,. Es wurde wohl aus der Not eine Tugend gemacht. Komischerweise,hatten viele dem damals aufkommenden Goldfieber widerstrebt, es heißt sie seien Deutschstämmige und Lutheraner , und haben den Ruf schier unbegrenzter Tüchtigkeit, dort im Barossatal.

Steht man vor dem Tal so glaubt man nicht in Australien zu sein, ein weites, im Winter blaugrün schimmerndes Tal, berühmt für seinen vorzüglichen Wein. Das Tal wird bestückt mit schmucken Backsteinhäusern, welche für die Ewigkeit gebaut sind.

Die deutsche Genauigkeit wurde auch vererbt, „ Wenn auf dem Straßenschild 500 Kilometer drauf steht, dann sind das auch 500 Kilometer“ das wird jedenfalls behauptet.
1 Stunde von Adelaide entfernt liegt der Ort Talunga, dort gibt es einen Leckerbissen für den Magen und das Gemüht. Schwarzbrot, Bierwurst Pfefferkuchen und Bienenstich können verzehrt werden.

Leider sterben die deutschen Sitten aus, und werden durch alle möglichen abgeänderten Traditionen ersetzt.

Ein paarhundert Pionierfamilien heiratet stets untereinander, über Generationen hinweg, so dass im Barossatal die Verwandtschatsbeziehungen verschlungener sind fast als bei den Aboriginals. Es heißt:“ Du bist mit dem verwandt, deren Tochter dessen Neffen oder sein Onkel“
Die Tradition des Weinbaues wurde stets in der Familie weitergegeben, wovon auch der Ruf Adelaides profitiert.
Es gab aber auch politische Rückschläge da hieß es plötzlich: „Australiens Grenze ist am Rhein!
Deutschstämmige wurde observiert, verhaftet und von manchen sogar das Vermögen konfisziert. Viele konnten sich nur dadurch retten , in dem sie in die Commonwalth-Armee eintraten. Und so enstanden wieder ganze Deutsche Friedhöfe mit Henschkes und Niejalkes mit Kriegsdenkmälern.
Vereine, Versammlungen und Kultureinrichtungen wurden verboten.
Der Wahnsinn machte nicht einmal vor der Landkartenumschreibung halt.
So tönte es „ Kaiserstuhl must go“. Aus Bismarck wurde Weeroopa, aus Heidelberg wurde Kobandila. Es war wohl auf den Neid reicher Deutscher zurückzuführen, so hieß es.
Soviel Aufstand der während des 1. Weltkrieges auch herrschte, so verwirrt waren die Menschen in Australien während des 2. Weltkrieges.Es wurde von der Macht gerätselt, „ Wer ist denn überhaupt Deutsch?“ Das Wirrwar war perfekt.

Um der Macht genüge zu tun, wurden einige deportiert und mit österreichischen Juden zusammengesteckt.

Aus dieser Zeit existiert noch eine verrückte Geschichte.
: Oskar Speck hieß er, er paddelte mit einem Faltboot von Ulm aus die Donau hinab und angeblich weiter nach Australien. Als er September 1939, nach sieben Jahren und über 30 000 Meilen, dort ankam, hatte sich der Krieg mittlerweile bis nach Australien ausgeweitet. Es kam nicht so wie er hoffte, nämlich mit Ruhm begrüßt zu werden, sondern er wurde auf der Stelle verhaftet und verschwand für weitere sieben Jahre hinter Gittern.

Diese Geschichte machten sich viele Australier zum Vorbild, und entzogen sich der Einberufung für einen Musterbescheid, in dem sie ebenfalls das Weite suchten.Das war bestimmt kein Kunststück in Australien, bei der Weite.

Trotz all der Geschichten ist es unglaublich, wie viele Deutsche in dieser Ecke Australiens leben.Selbst Kegelclubs von Deutschen gegründet ,gibt es. Worauf sie auch sehr stolz sind.

Die letzte Auswanderungswelle fand 1953 bis 1954 statt. Alle die zu dieser Zeit emigriert sind,meinten " Man fühlt sich sofort Zuhause. Man nennt sich beim Vornamen". Diesen Neuzugängen verdankt auch" Tanunda „der deutsche Kegelclub sein Überleben.Die Bahn soll stolze 33 Meter lang sein, die altertümlichen Kugeln bleischwer.

Zu dieser Zeit war es noch möglich sich emporzuarbeiten. Ein Einwanderer von 1954 erzählte: „Wir fühlen uns als Einheimische, uns geht's gut" , erzählt Gottfried Bruno (Barossa Deutscher in Adelaide) „ Nur unsere Tochter gebürtige Australierin ist ausgewandert, nach Fulda in Deutschland. Lächelnd meinte er :" Jetzt gibt es auch Barossa-Deutsche in Fulda"

Australien ist von den unterschiedlichsten Klimazonen geprägt. So gibt es im Norden und Nordosten Landstriche mit einer Niederschlagsmenge von mehr als 250 cm, und im inneren des Landes müssen mit jährlich weniger als 10 cm Regen auskommen. Es ist keine Seltenheit ,daß lange Dürreperioden das Landesinnere beherrscht.
Höchste Anpassungsfähigkeit wird von den dortigen Lebewesen abgefordert.
Mit Temperaturen zwischen 30 Grad und 40 Grad Celsius ist die Mitte Australiens ,stark gebeutelt.Regionen im Westen Australiens kommt es es doch schon öfter vor ,daß eine Temperatur von 50 Grad Celsius erreicht wird.Jedoch sorgt der Monsunregen dafür , daß der nördliche Teil im Sommer (Dezember bis März) die Erde befeuchtet. Es regnet dann aber auch so stark, daß viele Gebiete dort überschwemmt werden. Der größte See Australiens benötigt also 12 bis 25 Jahre um gefüllt zu werden. Leider ist es so, daß der See meist ausgetrocknet ist. In den Sommermonaten ist es oft unerträglich die Temperaturen von 25 bis 35 Grad Celsius auszuhalten, was die hohe Luftfeuchtigkeit bewirkt. Wenig kälter ist es in den Wintermonaten, dann gibt es Tamperaturen um die 20 bis 30 Grad Celsius. Nachts kühlt es dann merklich ab.
Augrund dessen würde ich niemandem empfehlen in den Sommermonaten das Outback zu besuchen.
Immerhin muss man bedenken,daß Australien von uns Europäern aus gesehen, genau auf der gegenüberliegende Seite des Globus liegt. Die Jahreszeiten sind also um ein halbes Jahr verschoben.

Frühling beginnt im September bis November,
Sommer beginnt im Dezember bis Februar.
Herbst beginnt im März bis Mai
Winter beginnt im Juni bis August

Falls unter den zukünftigen Auswanderern sich Menschen befinden, die sich gerne als Farmer versuchen möchten, so kann ich mit Sicherheit sagen, daß es heißt ,im engsten Familienkreis weit ab von jeglichen Verwandten oder Bekannten und sogar von Nachbarn zu leben.

Meist ist es eine gute lange Strecke bis zum nächsten Ort.
Als eine willkommene Abwechslung wird dort der Besuch des Postboten oder eines Geistlichen angesehen.
Falls doch einmal ein Farmer erkrankt , so sieht man es sogar so an, daß es eine freudige Begegnung und Abwechslung ist. Denn dann kommen wenigsten die „Flying Doctors" zu Besuch. Dies nehmen sich auch viele Farmer zur Gelegenheit war, um verschiedenste Treffen zu veranstalten. Dann geht es Reihum, etwa im Umkreis von hunderten Kilometern,in dem sich die Farmer abwechseln, wo dann die „Flying Doctors" ihre Visiten abhalten.
Es ist für alle Farmer selbstverständlich, etwas Kuchen oder Grillfleisch und Brot mitzubringen, um dann ein fröhliches Beisammensein zu feiern.

Die Farmer wissen auch, daß die Flying Doctors auf viele Spenden angewiesen sind, und behandeln diese auch mit größtem Respekt.

So ein karges Leben der Farmer ist natürlich höchst anstrengend. Aber dies ist nicht das einzige Problem, denn deren Kinder sind meist auf Fernunterricht per Funk angewiesen.
Eine Familie mit der ich telefonisch bzw. per Funk kontakt hatte, erzählte voller Stolz, daß sie nun eine eigene Straße

besitze. Diese Familie wollte nicht einsehen ,daß ihre Kinder einen Schulweg von etwa einhundert Kilometern haben. Fernunterricht war ihnen nicht gut genug für ihre 12 und 14 jährigen Söhne. Sie meinten „ Es besteht überhaupt keinen Kontakt mit Gleichaltrigen Kindern". Ich muß dazusagen, das zwischen der Schule und der Farm , die sie bewirtschaften eine riesige Steppenlandschaft lag. Genau ein Jahr brauchte der Herr des Hauses, um eine Schneise mitten durch die Steppe zu schlagen. Dann planierte er diese fest, sodaß eine für seine Verhältnisse sehr gute Straße entstand. Als dieses getan war, kaufte er den beiden Sprösslingen jeweils ein Motocrossrad. Damit fahren nun beide Kinder zur Schule.
Der Schulweg ist von 100 Kilometer auf 20 Kilometer geschrumpft. Um einigermaßen beruhigt die Kinder fahren zu lassen, wurde mit den Lehrern der Schule vereinbart, täglich nach Schulschluss per Funk , den Eltern mitzuteilen um welche Uhrzeit, denn die beiden Söhne losgefahren sind. Genauso wird es auch morgens zum Schluweg gehandhabt.
Sollten die Söhne nach ausgerechneter Zeit nicht ankommen, so fährt sofort der Vater los, und eventuell ihnen entgegen. Es kommt auch schon mal vor, daß die Kinder sich einfach nur haben ablenken lassen , um irgendwelchen Entdeckungen auf dem Weg nachzugehen.
Aber der Vater berichtet, ihm sei es lieber er fährt hundertmal umsonst entgegen, als das einmal etwas Ernstes passiert. Wie man sieht wird alles ziehmlich locker von den Australiern angesehen. Jedenfalls kann ich mir nicht vorstellen, daß so etwas in Europa möglich wäre.

Eine andere Freizeitbeschäftigung der Australier ist das Campen.
Dann darf niemals in der Ausrüstung einen Gaskocher,Grillrost und ein sogenanntes „Billy“, ein Blechgefäß welches aus 2 Teilen besteht fehlen. Der „Billy“ wird meist zum backen und garen im Sandbackofen verwendet. Wenn wir einen zweiteiligen Billy zur Verfügung haben, können wir uns ohne große Umstände ein leckeres Brot oder Kuchen mitten in der Wüste backen.

Das einfachste Rezept für ein Outback-Brot ist:

3 Tassen Mehl (self raising floor), 1 Tasse Wasser , es geht auch hervorragend mit 1 Dose Bier, etwas Zucker und etwas Salz, und etwas Backpulver,welches die Australier in riesigen Mengen bevorraten..

Alle diese Zutaten müssen nun vermischt werden, gut durchgeknetet. Den Boden des metallenen Behälters, welches wir als Backform nehmen wird mit Mehl eingestäubt und dann legt man die Teigkugel hinein. Neben dem Lagerfeuer läßt man das ganze nun etwa 30 Minuten aufgehen. Dann können wir den Deckel auflegen.

Sobald eine schöne Glut unseres Lagerfeuers besteht, schaufeln wir eine kleine Vertiefung im Sand, füllen die Glut hinein, setzten unsere Backform darauf, und schaufeln zu guter Letzt alles komplett mit Sand zu. Der Backofen kann nun arbeiten.

Es dauert nur ca. 20 Minuten und unser Outback-Brot ist gar. Wenn wir es ausgebuddelt haben, kann man auch testen ob das Brot gar ist, indem man auf die Kruste klopft. Wenn es sich hohl anhört ist es perfekt. Das Brot wird nur abgebrochen und gegessen. Manche verfeinern es noch mit Marmelade oder Honig.

Das ist aber nicht das einzigste romantische Rezept. Dabei denke ich an die „Jaffle“
Bei uns ist es vergleichbar mit überbackenem Toast.
In Australien bekommt man noch diese alten, für uns alten Waffeleisen(Jaffle iron). Jene die aus Gußeisen gefertigt sind. Sie sehen aus wie 2 Eisenplatten, die mit einem Scharnier verbunden sind. Dort legt man gebutterte Toastscheiben auf, belegt diese mit Schinken, Tomaten, Käse, Salami . Oder auch süß mit Bananen alles was das Herz begehrt.Dann klappt man die beiden Eisen zusammen und legt sie in das Lagerfeuer. Auf beiden Seiten etwas gegrillt und schon kann das Schmausen beginnen.
Dieses Rezept kennen wir Europäer vielleicht auch unter dem Namen „Sandwichmaker“

Der Billy, eigentlich ein einfacher Metalltopf, wird nicht nur zum backen benutzt, sondern auch zum Tee kochen. Einfach eine Hand voll Tee hinein werfen, mit Wasser auffüllen und über dem Lagerfeuer kochen lassen. Dies ist der beste Tee und zuglcich eine typische Lebensanschauung der Australier. Solch ein Billy ist dort sehr preisgünstig zu haben und kostet nur 8 australische Dollar, und das für einen 2 Litertopf. Er wir für alles gebraucht. Kartoffeln, Nudeln , Fleisch braten einfach für alles.
Natürlich gibt es wie es bei allem ist, auch eine Luxusausführung eines „Billy“ dieser hat dann noch einen Haken und einen Henkel, zur besseren Handhabe.Dieser kostet dann schon 25 bis 65 Australische Dollar.Doch der muß nicht sein, weil der einfache es genauso gut kann.

Da kann ich nur sagen „Guten Appetit“
Das Feeling gibt es gratis dazu!

Abschließend zum Thema „Essen im Outback" darf ich noch ermahnen, jeder Mensch braucht in der Abgeschiedenheit mindestens 2 Liter Trinkwasser, im Sommer sogar 3 Liter. Zum waschen ,Kochen und Zähneputzen nochmal 2 Liter Wasser.
Außerdem ist es dringlich erforderlich eine Wasserreserve von mindestens 5 Tagesrationen mit sich zu führen. Man weiß nie was passiert.
Diese Beachtung hat schon so manchem Menschen das Leben gerettet.
Außerdem sollte man immer den Boden inspzieren, bevor man einen Wasserkanister auf denselben stellt. Es gibt dort nämlich Pflanzen, die so spitze und schafe Dornen haben, die mühelos einen Wasserkanister durchlöchern können. Das wäre Fatal.

Sollten sie mal in die mißliche Lage geraten, und nicht mehr von der Stelle kommen.
So wäre es ratsam, wenn sie ein Funkgerät bei sich hätten.
Ist dies nicht der Fall, so gibt es einige Regeln zum Überleben.
Es wäre nicht das erste Mal, dass Personen als vermißt gelten, die niemals wieder aufgetaucht sind. Die irgendwo in der Wüste ins Nirvana übergingen.
Bei einem Notfall ist oberste Priorität, die Nerven behalten.
Hatten sie zum Beispiel einen Unfall oder Panne, ist das zwar sehr ärgerlich, aber man sollte sich unbedingt niemals vom Auto entfernen. Meist sehen die Suchflugzeuge die Autos eher als einzelne Menschen.
Ruhig sollte man auch die Frage angehen, wie kann ich die Panne beseitigen, ohne in Panik zu fallen.
Dazu ist es ratsam, sich Schatten zu machen aus irgendwelchen Tüchern, Gegenständen oder Kleidungsstücken, sofern kein Baum oder Busch in der Nähe ist.
Dann sollte man überlegen, wie die Vorräte zu rationieren sind.
Immer daran denken, möglichst nicht zu viel zu schwitzen, da die meiste Körperflüssigkeit über das Schwitzen verloren geht.

Sollten sie wirklich nicht bei ihrem Fahrzeug bleiben wollen, warum auch immer, so sollten sie in jedem Fall immer eine Nachricht mit Richtungsangabe und Zeitangabe an ihrem Fahrzeug hinterlassen.

Wer allerdings stets auf alles gefaßt ist, und gut vorbereitet, dem kann nicht viel passieren.
Denn die wichtigste Regel lautet: Wasser zu haben, Schutz vor Hitze oder Kälte, und wenn möglich etwas Nahrung.
Ohne Nahrung kommt der Mensch 3 Wochen aus. Jedoch ohne Wasser kommt der Mensch nur höchstens 5 Tage aus. Wann auch immer es geht, denke an Wasser.

Ratsam ist es am ersten Tag so gut wie nichts zu trinken, um der Rationierung einen Sinn zu geben.Keine salzigen Speisen essen. Auf keinen Fall Alkohol zu sich nehmen,der entzicht dem Körper wichtige Mineralien. Wenn es geht und möglich ist, so wenig wie möglich zu urinieren. Die Ureinwohner gingen dem Flüssigkeitsverlust zu leibe, indem sie ihren eigen Urin tranken. Soll angeblich auch sehr gesund sein.

Im Notfall kann man auch nach ähnlichem , wie Bohrschächte Ausschau zu halten, denn die Möglichkeit besteht, das dort auch Wasser zu holen ist. Diese Bohrschächte wurden von Viehzüchtern angelegt, und mit einem Deckel versehen, die etwas aus der Erde ragen, um ihr Vieh vor dem Verdursten zu schützen.
Leider ist es nicht selten, daß dieses Wasser auch salzig ist, dann empfiehlt es sich, eine Destilieranlage zu bauen.

Die Aboriginals überlebten auch nur, weil sie diverse Tricks und Kniffe kannten, Als da wären : Achte auf Vögel wie Finken und Wellensittige oder Rosakakadus, die zeigen den Weg zum Wasser. Aber Vorsicht, an vielen Wasserstellen sind die Ränder so steil, daß viele Vögel es nicht mehr aus dem Wasser schafften und jämmerlich ertranken. Dieses Wasser läßt sich aber noch trinken, wenn man es vor dem Verzehr abkocht.Viele Farmer halten regelmäßig solche Wasserlöcher sauber und fischen die toten Vögel heraus. Das ist so eine Art Ehrenkodex.

Sollten sie aber keine Wasserlöcher finden, so läßt sich auch Wasser aus Pflanzen gewinnen.
Hinter Sandünen befinden sich oft Büsche oder Bäume, deren Blätter enthalten oft sehr viel Flüssigkeit.
Hoffentlich haben sie auch an eine Plastikfolie oder eine Plastiktüte gedacht, Meinen Glückwunsch, dann können sie diese um die Zweige stülpen und fest verschließen. Dabei bildet

sich in der Sonneneinstrahlung Kondenswasser, welches sich an der Folie niederschlägt und sich dann sammelt. Etwas Geduld braucht es schon, aber was tut man nicht alles fürs Überleben.

Bevor man jedoch das Wasser ziellos trinkt, muß man einen Verträglichkeitstest durchführen.
Ein paar Tropfen auf die Zunge geben. Sollte sich kein Brennen auf der Zunge einstellen , so darf man es beruhigt herunterschlucken. Dieser Test ist lebenswichtig, denn es gibt dort viele giftige Pflanzen. Und wer will schon einen Gifttee aus Not trinken. Dieser Test kann man nach ein paar Minuten wiederholen, falls man keine Erscheinungen von Übelkeit verspürt.
Etwas Geduld braucht es noch. Der eigene Körper muß erst die Gelegenheit haben, so etwa 4 Stunden, um sagen zu können, das ist gutes oder schlechtes Wasser.

Wem diese Prozedur zu lange dauert, kann auch versuchen ein Loch zu graben. Es darf ruhig 1 Meter tief und einen Durchmesser von 1 Meter haben. Dies ist natürlich viel anstrengender als die Laubmethode. Empfohlen ist dies auch nur am frühen Morgen. In dieses Loch stellen sie ein Gefäß. Um das Gefäß herum, legen jede Menge Wurzeln,Blätter,Zweige sogar etwas Salzwasser und Urin. Diese Arregement verdecken sie mit einer Plastikplane, die locker aufliegen muß, um zu gewährleisten, daß das Wasser von der Innenseite her, welches sich an der Plane sammeln wird auch zur Mitte hin in das Gefäß tropfen kann. Doch leider müssen sie dann wiederum einen Verträglichkeitstest durchführen.

Wenn sie die Möglichkeit haben, dann sollten sie grundsätzlich beim Verweilen auch ein Feuer anzünden.

Wenn sie dann noch hunger verspüren, suchen sie pflanzliche Nahrung.

Es gibt eventuell Beeren, Wurzeln und Gräser. Damit sie sich nicht vergiften, testen sie wiederum ihre angestrebte Nahrung, indem sie sie verreiben und an Hals oder in der Achselhöhle aufstreichen. Tritt nach 2 bis 3 Stunden keine Rötung auf, und nach weiteren 3 bis 4 Stunden keinerlei Beschwerden auf, so können sie sich mit vollem Genuß daran laben.

Es gibt aber auch noch eine Nahrung die vielleicht vielen angenehmer erscheint, das heißt schmackhafter. Es gibt viele Arten von Tieren die in Höhlen hausen. Sie könnten versuchen mit Stöcken in solche Bauten hineinzustochern, um festzustellen, ob sich dort irgendein Lebewesen befindet. Der Waran zum Beispiel, kann man immer mit der Hand am Schwanz fangen, welcher grundsätzlich nach außen zeigt. Es hört sich grausam an, aber man muß das Tier sofort erschlagen. Danach sollte man schon das Feuer entfachen. Nur ein kleiner Schnitt ist nötig, um die Innereien des Tieres zu entfernen. Die Ureinwohner essen diese Innereien roh an Ort und Stelle, wegen der Flüssigkeit.
Jedoch ist das nicht jedermanns Sache. Sobald also die Innereien entfernt sind, legen wir es in die Glut, das schließt die Poren, und die Haut wirkt wie eine Alufolie.

Dann schaufeln wir uns eine Mulde, wo die Glut des Feuers hineingeschoben wird.Auf diese Glut legt man den angebratenen Braten und schüttet es mit Sand zu. So funktioniert im übrigen grundsätzlich der Outback-Ofen. Der Waran kann nun garen.
Er soll übrigens vorzüglich schmecken, vergleichbar mit einem Hähnchen.
Auf diese Weise kann man alle möglichen Tiere garen, wie das Kaninchen, die Schlange und so weiter.

Die Aboriginals haben aber auch noch eine ganz besonder e Delikatesse, die Honigameise.

Sie ist etwas größer, und hat auf dem Buckel so etwas wie ein Säckchen, in diesem dann der soganannte Honig steckt. Diese Ameise findet man vorwiegend im Busch. Die Frauen müssen schon eine Weile graben, um an den Ameisenbau zu gelangen. Dort gehen die Aboriginalfrauen, wenn sie die Ameisen entdeckt haben hin, und sie stochern mit Stöcken in den Ameisenhaufen. Dann essen sie die Ameisen, die sich auf dem Stock tummeln als willkommener Imbiss..

Es gibt auch noch glückliche Menschen, die in einer Notsituation an einem Fluß stranden.
Dort gibt es natürlicherweise viele Fische zu fangen,Muscheln und Krustentiere sind reichlich vorhanden.
Diese leckere Nahrung lässt sich wunderbar zubereiten, indem sie etwas Schlamm nehmen und das gefangene Tier nach Tötung ,so wie es ist mit dem Schlamm umhüllen.

Dieses Schlammpacket kann man dann direkt in das glühende Lagerfeuer legen.
Der Schlamm ist nun unsere Backform. Sobald das Tier gar ist, kann man die Schlammschicht einfach abklopfen, und schon ist das Essen serviert. Die Garzeit dauert ungefähr 20 bis 30 Minuten. Der Vorteil dieser Garart ist, die Flüssigkeit bleibt zum großen Teil erhalten.

In Regenlöchern findet man oft auch haufenweise Muscheln, diese sollte man aber von der Schale befreien und eine Stunde kochen lassen. Es kommt vor ,daß sie auch etwas modrig schmecken können.

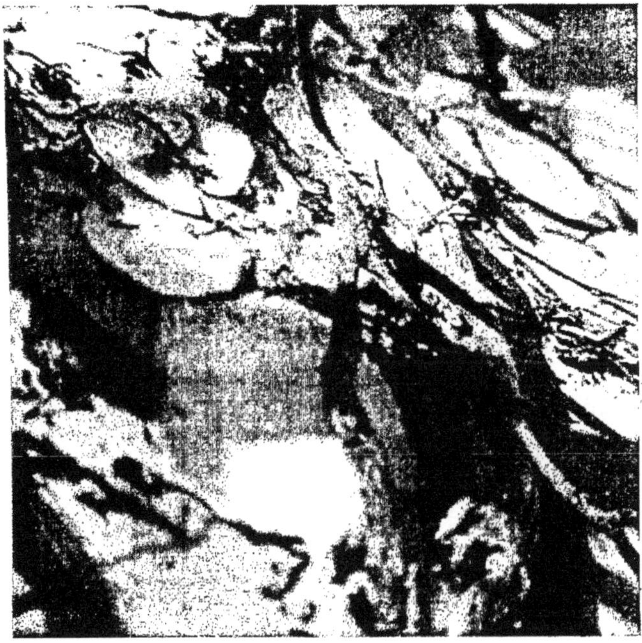

Falls sie noch immer keine Rettung erfahren haben, so sollte man „Luft zu Grund „ Zeichen geben.

Es werden verschiedene Zeichen auf dem Boden geschrieben oder mit Steinen gelegt.

Zeichen wie: V = benötige Hilfe
X = brauche medizinische Hilfe
L = brauche Treibstoff
F = brauche dringend Nahrung und Wasser
Y = Yes
N = No
-> = bin in diese Richtung gegangen
cin vicrc ck = brauchc Kompaß und Kartc
_/ = habe nicht verstanden

Hat nun irgendein Flugzeug diese Zeichen wahrgenommen, so wackelt es mit den Flügeln, um zu zeigen, das alles gesehen wurde.
Flicgt dcr Pilot cincn Krcis rcchts hcrum, so hat cr nicht verstanden.

Auf jeden Fall wird aber das Zeichen „Save our souls“ erkannt , das weltberühmte Zeichen
S O S.

Aber ich muss hinzufügen, all diese Verhaltensregeln braucht man vielleicht nicht , wenn man jederzeit auf alles vorbereitet ist.

Herr Simon Geilings und seine Frau bestanden darauf, in diesem Buch ein paar Erste- Hilfe-Maßnahmen einzuschreiben. Es sei schließlich ungemein wichtig, weil so viele Australien-Urlauber dort ankämen, und so jungfräulich wie sie sind, einfach ohne weitere Überlegungen das Outback besuchen oder gar durchqueren möchten.Mahnend teilte er mir mit, in jedem Falle muß an eine Reiseapotheke gedacht werden. Australien sei zwar kein Land mit komplizierten Krankheiten, und daher seien auch keine Impfungen vorgeschrieben. Ausnahme sei jedoch bei Ankömmlingen aus tropischen Ländern. Aber es ist zu empfehlen, eine Tetanus-Impfung vorzunehmen. Sehr schnell hat man sich einen Reißer zugezogen.
Wie überall empfielt er uns eine ausreichend ausgestattete Reiseapotheke mitzu bringen.
Australien hat zwar einen sehr guten medizinischen Stand, aber für alle Fälle ist dies immer anzuraten. Die im Outback lebenden Farmer verfügen sogar über eine ausgesprochene Hausapotheke, welche sie von den „Flying Doctors“ zur Verfügung gestellt bekommen.
Da sind unter anderem Spritzbestecke, Verschreibungspflichtige Medikamente enthalten.
Natürlich auch Verbandsmaterial. Sollte ein medizinischer Notfall bestehen, so können die Farmer per Funkanweisungen bei eiligen Fällen, auch selbst beschränkte Notfallbehandlungen durchführen. Diese Medizinkoffer haben eine Größe von etwa 100 cm mal 100 cm.
Darin befindet sich je nach Einwohner sogar ein EKG-Gerät,was durch ein stromgeführtes Wiederbelebungs –Geräte ergänzt wird. Bei solchen Austattungen wird natürlich darauf geachtet, daß kein Mißbrauch damit getrieben wird. Agribisch genau müssen Medikamenten-entnahmen in einem Buch notiert werden. Dies kontrollieren die Flying Doctors.

So gut müssen sich Besucher natürlich nicht ausstatten, es reicht dann schon ein Wundantiseptikum,Schmerzmittel ,Mittel gegen Insektenstiche,Zugsalbe,Kohletabletten,ein

Antibiotikum, Mineralsalztabletten, Fieberthermometer,Schere Pinzette, Pflaster und Mullkompressen inklusive Verbandsmaterial.
Wichtig erscheint auch ein starkes Sonnenschutzmittel mit sehr hohem Lichtschutzfaktor.

Falls Menschen es vorziehen in Meeresnähe zu weilen, so ist in jedem Fall angeraten, immer eine Flasche Essig bei sich zu führen. Essig wirkt gegen Verbrennungen, die die dortigen Quallen verursachen. Dies kann sehr Schmerzhaft sein, und sollte so schnell wie möglich erst einmal mit viel Essig – Überguss behandelt werden. Es lindert ungemein. Das ist noch ein kleines Geheimrezept der Australier.
An Australiens Küsten kommt es nicht selten zu Quallenplagen.

Frau Geilings weist darauf hin, daß nach langen Märschen die Füße mit dicken Blasen übersäht sind. Sie empfiehlt, Diese abends mit einer erhitzten Nadel aufzustechen, dann mit etwas Mull darüber heilen zu lassen. Außerdem behandeln die Ureinwohner solche Sachen mit ihrem eigenen Urin.

Leider gibt es nicht nur im Outback giftige Schlangen. Sollte es doch zu einem Schlangenbiß gekommen sein, und starke Schmerzen oder Schwellungen an der Bißstelle entstehen, so muß sofort die Ruhe bewahrt werden. Es können sich auch Sehstörungen und Schwindelanfälle, Erbrechen,Blutdruckabfall mit einem rasenden Puls, Lähmungserscheinungen der Muskeln bis hin zur Atemnot einstellen.
In diesem Fall rät uns Frau Geilings, auf keinen Fall herumzulaufen, weil das Gift sich dann schneller im Körper verteilt. Die betreffende Stelle ,wo der Biß stattfand, muss etwas oberhalb abgebunden und ruhiggestellt werden. Allerdings ist nicht zu umgehen, diesen Druckverband alle 15-30 Minuten kurz zu lösen, sonst besteht die Gefahr des Absterbens.

Viele sind der Meinung, wie es in den alten Wild-West-Filmen gezeigt wurde, diese Bißwunde aufzuschneiden, um dann das vergiftete Blut abzusaugen. Das ist nicht sehr empfehlenswert, da durch kleine Rißwunden in der Mundschleimhaut das Gift weitergeleitet werden könnte. So wäre genau das Gegenteil erreicht.
Wer diese Methode anwenden möchte, führt am besten einen sogenannten Schröpfer mit sich.
Diesen gibt es in jeder Apotheke.
Es steht auch fest, daß die Wunde möglichst nicht gesäubert werden sollte, damit der Arzt später die Giftart bestimmen kann, um das passende Serum zu verabreichen.

Vorbeugend gegen Schlangenbisse kann uns Frau Geilings nur feste Schuhe und lange Hosen empfehlen. Man sollte auch darauf achten, unbedacht irgendwelche Steine oder ähnliches aufzuheben.

Nicht selten kommt in der australischen Hitze auch ein Hitzschlag vor, oder Sonnenstich genannt. Diesen erkennt man an einer trockenheißen Haut sowie an Rötungen im Gesicht. Meist besteht Schwindel,Kopfschmerzen ,schneller Puls und oft auch eine Ohnmacht.
Bei solchen Fällen ist sofort das Aufsuchen von Schatten angesagt. Feuchte Tücher auf den Kopf fördert das Herabsetzten der Körpertemperatur.

Es gibt halt nicht umsonst diese schicken australische Outback-Hüte. Die bei uns nur eine Modeerscheinung sind, aber in Australien sicherlich ihren Sinn und Zweck haben.

Heute wird sogar in den Schulen eine Sonnenschutzmütze angeordnet. Diese sind sogar noch mit herabhängenden Tüchern versehen. Die Australier stehen an der Weltspitze , was Sonnenschutz anbelangt. Die Belastung durch Hitze und Ozon ist dort am stärksten.

Herr Geilings stellt fest, wo Hitze ist, ist meist auch „Bulldust“
Auf meine Frage hin, was das denn wohl sei, lachte er in seinem Slang :
„ Bulldust, so nennt der Australier den puderähnlichen Sand.
Der ist höchst tückisch.
Dieser feine Staub dringt in jede erdenkliche Ritze, und wenn sie noch so klein ist.
Befährt man eine Straße, die mit Bulldust überzogen ist, so hat ein nachfolgendes Fahrzeug absolut keine Sicht mehr, der steht im Dunkeln. In Kaulen oder Vertiefungen, sammelt sich dieser feine Staub so an, daß man meinen könnte die Straße führt normal weiter. Dies ist aber ein Trugschluss, denn wenn man auf so eine Kaule mit Bulldust trifft, versackt der Wagen augenblicklich darin. Das Verhalten dieses Sandes ist fast so wie Wasser, nur das tückische daran ist, das man es nur sehr selten erkennen kann. Aus diesem Grund kam es nicht selten vor, daß so manches Auto mit einem Achsschaden liegen blieb.“

Deshalb riet er uns besonders beim Autokauf, aufzupassen.
Wer höchsten 4 bis 6 Wochen in Australien verbringt, glaubt ein Mietfahrzeug sei das Richtige. Doch weit gefehlt. Wenn sie einen Wagen kaufen, müssen sie zwar den vollen Preis sofort bezahlen können, doch diese Fahrzeuge lassen sich in den meisten Fällen fast schon mit Gewinn wieder verkaufen. Sofern das Fahrzeug nicht älter als 5 Jahre ist, und es sich um einen Diesel handelt. Clever ist auch ein Fahrzeug zu kaufen, bei denen die Händler eine Rückkaufgarantie einräumen. In der „Trading Post“ zum Beispiel lassen sich auch so manche Schnäppchen finden. Hat man sich entschlossen einen Wagen zu kaufen, so muß berücksichtigt werden, daß noch 2,5 bis 3 % Umschreibegebühr anfallen. Die Versicherung für 90 Tage kostet ungefähr 250 australische Dollar. Dennoch ist es am Ende günstiger ein Auto mit Rückkaufgarantie zu kaufen. Da lassen sich schon mal 2000 $ einsparen.

Bei den Autoversicherungen sind sie in jedem Fall mit GIO,AAMI,FAI und SUNCORP gut bedient. Alle anderen Versicherungen haften nur für Regionalgebiete.
Diese Versicherungen sind relativ günstig. Sie kosten nur 130 bis 200 $. Das ist erheblich weniger als in Deutschland.

Auch bei der Zulassung sind auf einige Dinge zu achten, da sie immer nur für 1 Jahr zugelassen werden. Die Transfer of registration, (Ummeldung) geht folgendermaßen vor sich.
Sie erhalten vom Verkäufer die Autopapiere samt Verkaufsbescheinigung. Wenn das Auto neu zugelassen wird auch noch den „Pink Slip", in New South Wales oder das" Road Worthiness Certificate" in Victoria. Beides sind Ausweise beziehungsweise Tüv-Bescheinigungen. Diese Prüfungen sind aber nicht so streng. Mit diesen Papieren können sie ihr Auto für ein Jahr zulassen bei den Road & Transport Authority.

Sollten sie vorhaben im Outback Touren zu fahren ,dann müssen sie ihr Fahrzeug auf jeden Fall noch etwas aufrüsten. Die „ bullbar" oder „roobar" ,so nennt man dort die Frontschutzbügel, sind unvermeidlich. Denn in den Dämmerungsstunden kommt es nicht selten zu Zusammenstößen mit Wild- und Farmtieren.Auch vor Känguruhs bleibt man nicht verschont. Bei solchen Tieren mit 300 bis 400 kg Lebendgewicht, ist ein erheblicher Schaden am Fahrzeug sicher. Darum sollte man schon einen „bullbar „installieren, um Aufprallwirkungen zu vermindern. Er kostet lediglich 200 bis 500 $ bei einem Gebrauchthändler. Solch ein Teil muß auch nicht wie es bei uns der Fall ist , in die Fahrzeugpapiere eingetragen werden.

Herr Geilings schwört auch auf die Auststattung des Fahrzeuges mit einer zweiten Auto-Batterie. Diese kann immer sehr schön zur Kühlung eines Kühlschrankes dienen. Unumgänglich ist auch ein Fliegenschutznetz an der Front des Fahrzeuges, da nicht nur Fliegen, sondern auch viele Gräser

abgehalten werden. Sonst kann man schon recht schnell mit einem Defekt am Kühler rechnen.
Ein Feuerlöscher ist genauso wichtig wie ein gut ausgestatteter Werkzeugkasten.
Oft verfangen sich Spinifexgräser an vielen Stellen des Fahrzeuges. Diese Gräser sondern ein Harz ab, welches bei Erwärmung recht schnell in Brand gerät. Bevorzugt setzten sich die Gräser unter den Fahrzeugboden und in alle Ritzen sowie sehr gerne am Auspuff fest.
Das ist auch die logische Erklärung dafür, das am Rande vieler Straßen ausgebrannte Fracks herumliegen. All die Besitzer dieser Autofracks hatten mit Sicherheit keinen Feuerlöscher an Bord. Schade ist auch, das durch diese Autobrände viele Steppenbrände ausgelöst werden.

Wenn sie also auf dem Weg sein sollten, um gerne zu campen, denn nicht nur Australier praktizieren dies gerne, sollte sie jedoch darauf achten, es darf im Prinzip überall gecampt werden, sofern keine Verbotsschilder vorhanden sind.
Ein Campingplatz kostet ca. 10 bis 15 $ pro Platz, wobei man die Vorteile der Zivilisation nutzen kann.
Wer „wild campt" sollte sein Fahrzeug so parken, daß er im Notfall sehr schnell losfahren kann.

Nun an dieser Stelle möchte ich Ihnen auch nicht die typischen Begriffe der australischen Bevölkerung vorenthalten. Alle meine lieben australischen Bekannten legten mir nahe diese in keinem Falle weg zu lassen, die Kenntnis dieser Begriffe gehört schließlich zum guten Ton.
Also suchte ich mir alle Begriffe zusammen und gliederte sie alphabethisch auf.

Also fange ich bei dem Buchstaben a an:

Aboriginal,aborigine – australische Ureinwohner
Abo - Aussie-slang ,Ureineinwohner
Amber fluid - Bier
Air strip - Landebahn für kleine Flugzeuge
Arvo - Nachmittag,(slang)
Back of Bourke - Hinter dem Mond sein (slang)
Banana bender - Queensländer(slang)
Barbie - barbecue Akürzung(slang)
Base plate - Unterlegplatte für Wagenheber
Beef road - Strecke auf welcher Rinder transportiert werden.
Beg yours - Entschuldigung
Billabong - Tümpel
Billy - Allzwecktopf aus Metall
Billytea -Lagerfeuerte in der Dose gekocht
Blackfellow -Schimpfwort f. Eingeborener(slang)
Bloke - Kumpel
Bloudy - verdammt (slang)
Bludger - Schmarotzer
Blue -Streit (slang)
Bogged - festgefahren im Schlamm
Bomb - altes Auto (slang)
Bore - Bohrloch od. Brunnen
Booze - Schnäpschen
Breckie - Frühstück (slang)
Buck - Dollar (slang)
Bullbar - Rammschutz vor dem Kühler
Bulldust - feinster Staub (Mehlähnlich)
Bullshit - Blödsinn
Bushcamp -wilde Camp-Plätze
Bushie - jemand der im Outback lebt (slang)
Bushtucker - Nahrung aus der Natur
Cabin - Hütte auf einem Campingplatz
Cairn -Steinhaufen

Canyon - Schlucht
Cattle -Rinder, Vieh
Cattle drover -Cow boys
Cattle station - Rinderfarm
Chunder,to chunder - sich übergeben (slang)
Claim - Goldsucher Parzelle
Claypan - Lehmpfanne
Cobber - Freund(slang)
Cocky - Kleinfarmer
Community - Aboriginal Siedlung
Creek - Flußlauf
Crest - Meist auf wichtigen Warnschildern, bedeutet Hügel
Croc - Crokodil
Crook - krank oder schlecht (slang)
Counter lunch - Schnellimbiß
Cuppa - Tasse Tee
Cut lunch - Essen zum Mitnehmen
Dago - Südeuropäer
Damper - das Outbackbrot
Deli - Lebensmittelladen (wie bei uns der Aldi)
Desert - Wüste
Dinkie die -ganz ehrlich (slang)
Dinkum - echt wahr (slang)
Dip - Senke, steht auf Warnschildern
Down under -Australien (slang)
Drongo - Nichtsnutz(slang)
Dunny - WC (slang)
Fair go - Chance
Flake - Fischimbiß
Flash floods - Sturzfluten die plötzlich auftreten
Fossicker - Hobby-Fossiliensucher
Four-wheeldrive - 4 Rad Antrieb
Frenchie - Kondom
Fridge - Kühlschrank
General store - kleines Lädchen

G´day	-Begrüßung (slang)
Good on yer	- gut gemacht
Gorge	- Schlucht
Grader	- Planierfahrzeug
Gravelroad	- Schotterpiste
Grid	- Schutzroste, vor Rinderverlust
Gum tree	- Eucalyptusbaum
Hang on	- Einen Moment bitte
Half cut	- besoffen
Hard yakka	- harte Arbeit (slang)
Have a go	- versuch es mal
Jack	- Wagenheber
Homestead	- Farmhaus
Hoon	- Idiot
I'll catch ya later	- bis später (slang)
Jilleroo	- Känguruhbaby
Kiwi	- Neuseeländer (slang)
Lake	- See
Lay-by	- Anzahlung
Line	- Sandpiste
Lingo	- Sprache
Loo	- Waschraum
Lookout	- Aussichtpunkt
Mate	- Kumpel
Matilda	- eine Art Tasche
Mug	- Blödmann(slang)
Mustering	- Rinderzusammentrieb
Never never	- weitentlegenes Outback, od. das Land der Aboriginals
Outback	- Land außerhalb
Ocker	- Tölpel,Schimpfwort für Ureinwohner
OZ	- Kurzform für Australien
Pebbles	- Steine
Permit	- Genehmigung
Piss up	- Saufgelage
Pool	- Wassergefüllter Behälter

Pommie	- Engländer, Schimpfwort
Roadhouse	- Tankstelle
Roadtrain	- Laster mit 2 bis 3 Anhänger
Range	- Bergkette
Righto	- Einverstanden
Ripper	- ausgezeichnet
Roo	- Känguruh
Roobar/bullbar	- Rammschutz
Roofrack	- Dachgepäckträger
Rubbish	- Blödsinn
Scrub	- Buschland
Smoko	- Zigarettenpause
Spring	- Quelle
Spunky	- sexy (slang)
Spinifax	- stacheliges Gras
Starpicket	- Markierungspfosten
Stickybeak	- neugierige Person (slang)
Stockman	- Hüter über das Vieh
Stubby	- Flasche Bier
Swag	- ein Outdorr-Schlafsack
Ta	- danke (slang)
Ta ta	- und tschüss (slang)
Tarte	- Prostituierte (slang)
To get stung	- hereingelegt werden
To go bananas	- verrückt werden
To go bung	- kaputt gehen
To hop into the booze	- Bier zischen, einen heben
To knock	- kritisieren
Up a gum tree	- große Schwierigkeiten
Vegies	- Kartoffeln
Well	- ausgeschachteter Brunnen
Wet	- starker Regen
Willy willy	- Wirbelwind
Winch	- Winde
Windmill	- Rad für Wasserförderung
Wog	- Asiat ,Schimpfwort(sehr übel)

Woolgrower	-Schafffarmer
Wowser	- Spielverderber
Yobbo	- Dummschwätzer
Yummi	- lecker

So nun habe ich ‚auf Wunsch meiner australischen Freunde, ihnen viele, aber noch lange nicht alle Slang-Wörter und Sachwörter an den Kopf geworfen.
Doch, diesmal bin ich der Meinung als Australien-Urlauber, oder Auswanderer sollte man auch die spezifischen Berufsbezeichnungen kennen.
Falls Sie daran kein Interesse haben, so blättern sie doch einfach ein paar Seiten weiter.
Dazu kann ich nur sagen, man lernt im Leben immer nur dazu.

Nein, Nein, das möchte ich nun doch keinem antun, denn diese sind fast überall gleich, diese braucht man nur in einem Englischlexikon nachzuschlagen. Nur speziell die australischen Schilder möchte ich Ihnen nahelegen, die könnten dann doch noch wichtig werden.

Die wichtigsten Schilder lauten:

Crest -Bergkuppe
Crossing -Kreuzung
Detour -Umleitung
Dip. Floodway- Diese Straße kann bei Regen überflutet werden.
Do not enter- - Einfahrt verboten
Falling rocks - Vorsicht Steinschlag
Flagman ahead - Baustelle kommt
Freeway - Autobahn
Give way - Vorfahrt beachten
Highway -Schnellstraße
Keep clear - freihalten
Limit - Geschwindigkeit einhalten
No standing -absolutes Parkverbot
Pedestrians - Fußgängerüberweg
Prepare to stop - bereithalten zum stoppen
Road plant - Straßenbaustelle
Side track - Umleitung
Traffic hazard - Gefahrenstelle

Die Entfernungen zwischen den schönsten Städten in km:

Adelaide-Perth	2730
Brisbane –Cairns	1930
Sydney-Melbourne	890
Sydney – Canberra	300
Sydney- Adelaide	1630

Ich denke , daß diese Angaben genügen. Es sollte nur ein Vorgeschmack auf die verschiedenen Entfernungen sein. Auf der Landkarte sieht halt alles viel näher aus.
Vom südlichsten Zipfel Australiens bis zum nördlichsten Zipfel sind es ungefähr
4500 Kilometer.
Von West nach Ost sind es ungefähr 5000 Kilometer, dies ist eine grobe Einschätzung.
Also schätzt man , es werden wohl 22500 Quadrat-Kilometer Fläche sein.
Wer es sich vorstellen kann, der wird wohl feststellen, es ist nicht gerade klein.

Nun kann sich jeder, so hoffe ich , ein etwas spezifischeres Bild über das Land machen, in welches Simon Geilings ausgewandert ist. Ich für meinen Teil verstehe nun die Außerung von Simon: „Man kann mich nicht einsperren in ein Büro, ich brauch meinen Freiraum. Ich brauche meine Freiheit!".

Ist es nicht jedermanns Traum in einem Land heimisch zu sein, bei dem man sagen kann: "Soweit das Auge reicht, das ist der Raum in dem ich lebe !" Und wenn man sich dann umdreht, sieht man nur die überfüllten Städte, in denen sich die Menschen stapeln, das ist Europa.
Vielleicht konnten sie sich schon das Vergnügen machen, und während dem lesen dieses Buch, eine Reise in vergangene Zeiten und ferne Welten zu unternehmen.

Schlußwort:

Ich möchte mich recht herzlich für die Hilfe und Mitarbeit bei der Familie Simon Geilings, aus Geelong,Melbourne,Australien bedanken.

Für die großartige Hilfe bedanke ich mich auch bei Wim und Ingrid Geilings, besonders bei Ingrid aus den Niederlanden.

Herr G. Jakobs , Trier

Und natürlich auch für die Geduld meines Ehemannes Raimund und unserem Sohn Matthias.

-Herstellung: Libri Books on Demond
-ISBN Nr. 3-89811-299-3

„Emigration, die Ferne ruft „

Dieses Buch befaßt sich mit dem Thema „Auswandern“. Authentische Geschichten und Schicksale werden durch Briefe 1886 bis 1901, und Erzählungen von Emigranten aus dem Jahre 1955 belegt.

Außerdem gibt es viel Wissenswertes über Australien und die USA zu berichten. Von den Orten, in denen sich die Auswanderer niederließen.
Das Buch entstand im Zuge einer Filmdokumentation.

Lassen Sie sich entführen in vergangene Zeiten und fremde , weite Länder.
Es gibt Humorvolles sowie Wissenswertes über diese Auswanderer und deren Ziele zu erkunden.

Nun wünsche ich eine vergnügliche Reise durch die Welt und Zeit.

Impressum:

Ihre Autorin
Astrid Lauterborn

Libri Books on Demond
ISBN 3-89811-299-3